挑战性学习

创造优质课堂学习的理论、有效实践和课堂理念(第二版)

[英]詹姆斯·诺丁汉（James Nottingham）◎著

葛佳佳 罗玉清 梁乐琳◎译

苏雪云◎审校

华东师范大学出版社

·上海·

图书在版编目(CIP)数据

挑战性学习:创造优质课堂学习的理论、有效实践
和课堂理念:第二版/(英)詹姆斯·诺丁汉著;葛佳
佳,罗玉清,梁乐琳译. —上海:华东师范大学出版社,
2024. —ISBN 978 - 7 - 5760 - 4695 - 3

Ⅰ. G612

中国国家版本馆 CIP 数据核字第 20247SZ083 号

Challenging Learning: Theory, effective practice and lesson ideas to create optimal learning in the classroom, 2nd Edition
by James Nottingham
ISBN: 9781138923058
© 2016 James Nottingham
All rights Reserved.
Authorized translation from the English language edition published by Routledge, a member of the Taylor & Francis Group.
本书原版由 Taylor & Francis 出版集团旗下 Routledge 出版公司出版,并经其授权翻译出版。版权所有,侵权必究。
East China Normal University Press Ltd. is authorized to publish and distribute exclusively the Chinese (Simplified Characters) language edition. This edition is authorized for sale throughout Mainland of China. No part of the publication may be reproduced or distributed by any means, or stored in a database or retrieval system, without the prior written permission of the publisher.
本书中文简体翻译版授权由华东师范大学出版社独家出版并仅限在中国大陆地区销售。未经出版者书面许可,不得以任何方式复制或发行本书的任何部分。

Copies of this book sold without a Taylor & Francis sticker on the cover are unauthorized and illegal.
本书封面贴有 Taylor & Francis 公司防伪标签,无标签者不得销售。

上海市版权局著作权合同登记　图字:09 - 2020 - 004 号

挑战性学习:创造优质课堂学习的理论、有效实践和课堂理念(第二版)

著　　者　(英)詹姆斯·诺丁汉(James Nottingham)
译　　者　葛佳佳　罗玉清　梁乐琳
审　　校　苏雪云
责任编辑　张艺捷
责任校对　张佳妮　时东明
装帧设计　郝　钰

出版发行　华东师范大学出版社
社　　址　上海市中山北路 3663 号　邮编 200062
网　　址　www.ecnupress.com.cn
电　　话　021 - 60821666　行政传真 021 - 62572105
客服电话　021 - 62865537　门市(邮购)电话 021 - 62869887
地　　址　上海市中山北路 3663 号华东师范大学校内先锋路口
网　　店　http://hdsdcbs.tmall.com

印 刷 者　上海邦达彩色包装印务有限公司
开　　本　787 毫米×1092 毫米　1/16
印　　张　16
字　　数　244 千字
版　　次　2024 年 8 月第 1 版
印　　次　2024 年 8 月第 1 次
书　　号　ISBN 978 - 7 - 5760 - 4695 - 3
定　　价　68.00 元

出 版 人　王　焰

简介

本书旨在提供建议和技巧，以帮助各年龄段的儿童发展成为自信、有思想和独立的学习者。本指南以态度—技能—知识模型（the Attitudes, Skills and Knowledge model，ASK）为基础，探讨学习的态度、技能和知识。它考虑的策略可以帮助教师挑战学生，使学生思考得更深入、更熟练和更有逻辑，以及为如何更有效地发展学生的这些技巧提出建议。

根据这一领域最受尊敬的一些专家的最新研究，挑战性学习鼓励各个年龄段的学生发展独立思考和探究精神。通过使用丰富的课堂互动案例，这本书提供的策略将帮助学生产生自己深思熟虑的结论，发展自己的概念，审视逻辑，并对其他选择持开放态度。

本书的亮点包括：

- 有效的教学策略，包括"FACTS"、教学目标模式和学习坑模式（the Learning Pit model）；
- 顶尖专家的最新研究和理论；
- 实用的建议和原则，帮助你设计和发展自己的课程。

对于所有与儿童共处或从事儿童工作的人，特别是教师、家长、护理人员和青年工作者，本书展示了一些提高儿童学习能力的最佳方法，包括如何更有效地提问、表扬、反馈和鼓励。

詹姆斯·诺丁汉（James Nottingham）是将最新研究转化为教学实践的领导者。他最初是3—18岁学生构成的学校的一名老师和领导者，现在他经营着自己的教育咨询公司，拥有一支涵盖斯堪的纳维亚半岛、英国和澳大利亚的顾问团队。

献给吉尔、艾娃、哈利和菲比
我的家庭,我的世界。

"六十年前,我什么都知道;现在我什么都不知道;教育是一个逐步发现我们自己无知的过程。"

[威尔·杜兰特(Will Durant),1885—1981]

目录

前言

这本有价值的书鼓励教师们通过精心组织的课堂对话，挑战学生，使学生思考得更深入、更熟练和更有逻辑，同时为教师如何做到这一点提供支持。

詹姆斯·诺丁汉借鉴了卡罗尔·德韦克（Carol Dweck）、约翰·哈蒂（John Hattie）、马修·李普曼（Matthew Lipman）和许多其他人的大量研究和理论，得出的结论是，未受过有关思考和解决问题的教导的学生倾向于认为，天生的才能决定了他们在学校的成就水平和生活。因此，他们没有对挑战做出积极的反应，他们的表现常常很差。另一方面，那些被视为聪明的学生，如果他们习惯于通过他们的努力奋斗接受挑战和支持，实际上他们会变得更加聪明。例如，如果他们被教导要求很高的内容，并被期望为自己的答案做出辩解，解释其基本原理并与其他内容建立联系，这样他们会学到更多，并且学得更快。他们变得更加意识到自己的思想并能够控制它。他们会发展出积极、有效的自我形象，并倾向于将自己视为持续的、强大的学习者。

通过使用丰富的课堂互动例子，詹姆斯向老师们展示了如何通过督促儿童提供证据、测试他们想法的逻辑性以及为他们的解释提供理由，而不是仅仅接受和赞扬"正确"的答案，从而更大限度地拓展儿童的思维。这些策略将有助于儿童通过自己的深思熟虑得出结论，发展自己的概念，审视逻辑，并对其他选择持开放态度。

如果更多的教师使用詹姆斯·诺丁汉在这本书中提出的互动式课堂策略，那么他们的学生很可能会成长为更细心的思考者，教师在进行课堂对话时也会获得更高的技巧，这个世界甚至会变得更具思想性。

亚瑟·科斯塔（Arthur Costa）
加州州立大学荣休教授，萨克拉曼多
《思维习惯》（*Habits of Mind*）的作者

作者序

我在 2010 年写了《挑战性学习》的第一版。从那时起，它被翻译成四种语言，并成为丹麦和瑞典的畅销书。这次对第一版进行了更新和改进，以越来越符合当前的理论和实践。

《挑战性学习》一书的目的是为你提供许多实用的建议，使你与学生一起工作时更愉快、更有效。我还介绍了一些原则，帮助你根据一些最新的和令人印象深刻的教学研究设计自己的课程。

这本书包含了课程理念（第八章）和对这本书的基础——学习坑的解释。这两个部分前面都有关于有效学习和教学五个方面的"FACTS"，包括：

F：反馈（Feedback）

A：勤奋（Application）

C：挑战（Challenge）

T：思考（Thinking）

S：自尊（Self-esteem）

综上所述，"FACTS"，教学目标和学习坑模型，以及课程理念代表了我过去 20 年的大部分工作。我希望你会发现它们有用，并受到启发，与自己的学生一起尝试一些策略和想法。

詹姆斯·诺丁汉

2015 年 3 月

导言

> "我受教育过程唯一一次中断就是在学校的时候。"
>
> 〔温斯顿·斤吉尔(Winston Churchill),1874—1965〕

我一离开学校就开始学习了。在那之前,我对预先打包好的课程和老师们传递的信息感到厌烦,它们没有启发我思考。

然而,在化工行业经历了 3 年,从事了不同工作之后,我在存在种族隔离的南非做过一名慈善工作者,然后又在一所聋儿学校做过一名儿童保育员,我决定申请教师培训,确信我可以用比那些人教过我的更有趣的方式来传达信息。然而,我在师范学院学到的内容或者说遇到的人,颠覆了我对教育的看法。克里斯·罗利(Chris Rowley)是当时坎布里亚州安布勒赛德(Ambleside)夏洛特·梅森学院(Charlotte Mason College)的讲师,他挑战我们,激发我们,迷惑我们。

在我们第一次"课"开始的时候,克里斯指着教室后面的万斯费尔山(Wansfell)。他让我们爬到山顶,找出我们在哪里。第一课结束。第二课的开头是:"你发现了什么?"我认为这是一个非常简单的问题。我毫不犹豫地说:"我们坐在湖区国家公园中央的万斯费尔山顶上。"也有人说了类似的话。

"你还能告诉我什么?"克里斯问道。有人说:"我们在山上。"其他人说:"我们坐在一座小山上,俯瞰着一座北方城镇。"其他人认为我们身处世界上一个美丽的地方。克里斯接着质疑我们对特定词语的使用:"这是山岳(mountain)还是山丘(hill)?"我们有些人说"山岳",有些人说"山丘",一两个人想知道有什么区别,有些人甚至想知道这会造成什么差异。

"这是一个北方城镇还是南方城镇?"我们当中的苏格兰人坚信这是一个南部城镇,尽管安布勒赛德通常被描述为西北部的城镇。

"它在何种意义上很美?"我们认为是因为风景看起来不错。

“所有的风景都好看吗？”不，因为它的石墙和漫步的绵羊看起来很美。

“没有石墙，没有漫步的羊，难道不美吗？”

这种经历一直持续到我们都在争论英格兰北部和南部之间的界线在哪里（我仍然认为 M62 是边界），地理能否决定文化，以及考虑到世界其他地区的山岳规模，英国将超过 1000 英尺的山划分为山岳是否可靠。

这是学习吗？这当然感觉起来不像是学习。直到我们不得不开始写我们的第一个作业，我才意识到，尽管我担心这不像学习，但我却有很多话可说。事实上，我还有一个任务，所以克里斯的反应让我大吃一惊。正如我所提到的，我不喜欢上学有很多原因；其中一个是课程似乎很枯燥——日复一日地在投影仪上抄笔记是一种使我头脑迟钝而不是启发我思想的活动。我的成绩很差，我从小就认为自己不是一个特别好的学习者。但后来克里斯一点一点地改变了这一切。

他给我的第一次作业成绩是 69%，比“第一名”差 1%。考虑到我对自己的能力缺乏信心，这已经够令人惊讶的了，但正是他的评论彻底震撼了我，直到今天我仍然记得那种感觉。

　　导言和结论很好，而且，就其本身而言，我发现许多对比论点的格式很吸引人。它们反映了大量的工作和对新国际主义者（New Internationalist）的大量阅读（在其他文本之中）。你对引文、评论和想法的选择是非常好的，如果这篇文章是要在像自然指数（NI）这样的杂志上发表的话，我会说这篇文章具有新闻的质量（不，这会是对记者的奉承——你的文章更好）。

　　作为一篇文章，我在决定如何评分时遇到了一个问题。我要在多大程度上奖励你，很明显你从中收获巨大，无论是在 IT 的使用方面（注：IT 在 1992 年还处于初期阶段，至少在教育方面），还是在你自己的想法方面。

　　问题是，从根本上说，作为一篇文章，它并没有逐渐发展成为一个论点。它太感情用事了；它缺乏任何逻辑线索；它没有可靠的独立的事实。总之，这不是一篇文章！因为你让读者凭直觉来解释你的许多对比论点，这些论点是个人看法，但不能假设就是对的,例如我觉得大学会给出2∶1的比例,而不是一个一等奖。

这里还有一个问题,我愿意讨论这个问题!

讨论一下?他说"讨论"是什么意思?我以为老师只是简单地告诉学生什么是对的,什么是错的而已!

在这次反馈之前,我收到的评论只有钩号、叉号、分数和一些奇怪的评论,比如"好"或"改进你的拼写"。但在这里,克里斯不仅给了我充分展开的和具体的反馈,而且他的最后一句话是在邀请我与他协商分数。这让我大吃一惊。和老师谈判?到目前为止,教师们都是持有一种绝对正确的态度。他们不是告诉学生什么是对错的权威吗?

从那一刻起,我感觉自己像是一个在学习的世界里的共同探究者,而不是一个期待老师让我的头脑充满知识的新手。我觉得教育就像是思考和良好的判断力,而不仅仅是学习明确无误的事实。我开始相信我可以成为一个成功的学习者和一个训练有素的老师。

在第一学期,克里斯改变了我对教育和学习的全部观点,并在我大学的4年里帮助我进一步发展了这一观点。他建议我研究儿童哲学,作为在课堂上把我的理想付诸实践的一种方式,他还几乎在我们与他进行的每一次"课程"中鼓励探究团体(一群人聚集在一起进行合作调查)。

克里斯·罗利是我获得一级荣誉学位的主要原因之一,也是我开创新事业的原因之一。

其他影响

与克里斯·罗利一样,本书还深受以下个体的影响:

我出色的妻子吉尔(Jill)总是对我提出挑战和鼓励,并确保我的工作既有理论基础,也有实践基础。

卡罗尔·德韦克,斯坦福大学心理学系刘易斯和维吉尼亚伊顿心理学教授(the Lewis and Virginia Eaton Professor of Psychology, Department of Psychology at Stanford)，2010年和2014年我和她一起参加了两次会议旅行。

约翰·哈蒂，墨尔本教育研究所的教育学教授和所长，我很高兴经常与他一起工作并发表演讲。

约翰·爱德华兹(Dr John Edwards)博士是主旨演讲艺术和专业指导的大师，也是我听到的第一个使用"坑"概念的人（见第七章）。我很感谢他。

此外，当你读这本书的时候，你会发现我受到了儿童哲学的显著影响。儿童哲学是由马修·李普曼教授在20世纪70年代早期提出的，它把探究和提问放在学习的核心。我感谢克里斯·罗利引发了我最初的兴趣和持续不断的灵感，SAPERE[1]中有许多优秀的人，最突出的是罗杰·萨特克利夫(Roger Sutcliffe)、史蒂夫·威廉姆斯(Steve Williams)、萨拉·利普泰和威尔·奥德。

准备，开火，目标！

我喜欢这个短语。当我设计一个演讲，写一本书，或者发展一项技能时，它对我很有用。据我所知，这个短语是由开源专家克莱·舍基(Clay Shirky)首创的，尽管迈克尔·福兰(Michael Fullan)似乎也经常使用它。

我的想法是，一旦我找到了值得做的事情（准备），我就继续做下去（开火）并评估我的努力。然后我重新调整我的努力（目标），继续尝试（再次开火）。这有助于我避免形成有时使我感到自己无能的想法，即在我开始解决问题之前，我必须充分理解问题，或者设计出一个完美的解决方案。

"准备，开火，目标"这句格言也有助于我防范这样一种危险，即在理解和设计的初始工作上投入太多精力，以至于不想面对那些似乎在挑战我精心构建的解决方案的结果。在教育中，它提醒我们努力、实验、评价和不断调整的必要优点。

这句格言最受欢迎的解释来自盖伊·川崎(Guy Kawasaki)，他是麦金塔电脑(Macintosh computer)成功的重要原因。他用它来描述他是如何写书的：

> 首先，我制作幻灯片(准备)。然后我做了很多次演讲(开火)。接着我写了这本书(目标)。我喜欢先完善幻灯片和演示文稿，然后详细说明它们来写一本书。如果你的演讲成功了，那么你的书也会成功。反之则不然。

这正是我写这本书的方式；在这本书中，你会发现我提出的最好的想法，经过多次的评论，然后一次又一次地向全世界的教育观众展示。

"准备，开火，目标"也是阅读和运用本书内容的好方法。不要等到你消化了所有的理论部分——一旦你了解了挑战性学习的总体目标，就可以在实践中尝试一些实用的建议。

如果你想尝试一下"准备，开火，目标"的方法，我已经按照以下方式系统化了这一点。

准备

首先阅读以下几页，因为这些内容将使你对课程理念试图达到的目标有一个大致的了解。其中包括：

- 导航员娜塔莉(Natalie)，第 1[①] 页。
- ASK 模型，第 34—42 页。
- 教学目标模型，第 53—58 页。
- 学习坑模型，第 109—126 页。
- 每个 FACTS、每个章节的摘要页，第 29—30 页、第 49—50 页、第 75—76 页、第 94—96 页、第 107—108 页。
- 关于摇摆器的注释，第 64—65 页。

[①] 书中所列页码为原书页码，请对照正文两侧边页码查看。——编辑注

开火

仔细阅读教案，这样你就能更好地理解本书中所探讨的概念和原则在实践中的作用。

目标

最后，阅读关于 FACTS 五个方面的章节（第二至六章），它们概述课程理念的理论基础。这将有助于加深你富有挑战性的学习体验。

第一章　什么是挑战性学习？

导航员娜塔莉

几个月前，我和我的朋友戈登（Gordon）开车去一个我们并不熟悉的小镇的剧院。正常情况下，这是可行的，因为我们只需遵循朋友GPS的指示。因为GPS导航的声音是美丽的女声，所以我们称之为导航员娜塔莉。这次，娜塔莉不起作用了。我们束手无策，不知道应该走哪条路。这听起来是很平常的，直到我不得不承认这不是我们第一次开车去同一家剧院。事实上，在过去的12个月里，我们已经去过三次了。但每一次，我们都是依靠娜塔莉把我们带到那里的，这样做使我们至少在某种程度上失去了自己驾驶的能力。

图 1.1　导航员娜塔莉
有多少学生依赖老师来指导他们，就像司机依赖GPS一样？

2　　　　这让我想到：现在学校里有多少学生犯了类似的错误，当然不是在导航之路方面，而是在学习方面？有多少学生依靠老师让他们得到答案？有多少学生坐等老师给他们方向，他们完全知道老师不仅会教他们如何到达目的地，而且还会决定出发点？当然，当它像 GPS 一样起作用时，这个策略很好。但是如果没有娜塔莉，没有老师来指导他们，会发生什么呢？这些学生不就会像戈登和我一样迷路吗？

我在小学和中学的教学经验告诉我，每当我不再扮作导航员娜塔莉，而是表现得像个私人教练一样——鼓励学习者，提供有针对性的反馈，最重要的是，尽可能多地挑战他们——那就是学生成长最快的时候。同时，当学生学习如何学习，并以此提高他们的自尊时，他们将变得更加自立并取得更多成就。

本书向你展示了这在你的课堂上是如何运作的。

书名的灵感来源

书名的灵感来自马修·李普曼的一本书——《教育中的思维》（*Thinking in Education*）[2]。这本书在我的办公室里是一本被翻阅了很多次的书，里面充满了做了标记的段落、页边空白处和角上的注释。我在最后一段加了楷体字。

一个经常被注意到的事实是，非常小的孩子在幼儿园开始他们的正规教育时是活泼、好奇、富有想象力的人。在一段时间里，他们保留了这些美好的特质。但是渐渐地开始衰退，他们变得被动……

由于儿童人生最初的五六年都是在家中度过的，并且这似乎并没有损害孩子的智力，因此，指责是孩子的背景使其失去好奇心和想象力是很奇怪的。这更有可能是因为学校教育的性质。儿童对学校的期望可能是一个替代的住所和一个替代的家庭——一个不断激发思考和言语的环境。即使家庭环境是冷漠的，很多时候都是这样，它仍旧包含了很多需要去学习和体验的内容，这代表了持续不断的挑战。另一方面，儿童在学校发现的是一个完全结构化的环境。现在学校的事情必须遵循一个时间表，而不是不同的事情之间可以交汇。

课堂语言是一种统一的、对语境漠不关心的语言，而不是只有从其发生的整个语境中收集其意义才能理解的陈述，因此相当缺乏激发思维的暗示。

家庭和家庭环境的自然神秘感被一个稳定的、结构化的环境所取代，在这种环境中，一切都是有规律和明确的。儿童逐渐发现，这样的环境很少是一个令人振奋或具有挑战性的环境。事实上，这耗尽了儿童带到学校来的主动性、创造性和深思熟虑的资本。学校环境占用了儿童的能量，却没有什么回报。不久，儿童就会意识到，学校教育是令人疲惫和沮丧的，而不是充满活力或智力上的挑战。简言之，学校教育很少能像家庭环境那样自然地激励人们思考问题。学生兴趣下降是自然的结果。

对于那些长期努力改善所有儿童教育的专业人士来说，这些话可能很难接受。但这些话并不是用来指控的。老师们做他们被训练要做的事，而且大体上他们做得很好……事实上，许多教师都意识到，对秩序和纪律的不断坚持可能是徒劳的，会破坏他们最希望培养和珍惜的自发性。

> 解决之道在于建立激发和引导好奇心的条件。我们需要更多的故事和更少的事实，因为叙事发展了对顺序的理解；我们需要更多的对话，更少的知识传播，因为我们通过对话学习得最多；我们需要更多的挑战，更少的指导，因为人的身体、心灵和精神都是从挑战中成长的。

当我第一次读到这最后一段时，这段话深深地吸引着我，并从那以后对我提出了挑战。我怎样才能在教授过多的课程的同时运用更多的叙事、对话和挑战，满足教师这个身份对我的每一个要求？这本书是我对那个问题的回答。本书的第一部分建立了《挑战性学习》的框架，使用缩写FACTS来组织说明有效教育的五个基本方面，旨在实现自立。本书接下来五章将依次说明（FACTS 相关章节）。

FACTS：挑战性学习的基础

反馈（Feedback）

反馈应提供与既定任务或学习过程相关的信息，帮助学生实现学习目标。"提高成绩的最有力的单个改进就是反馈。"[3]

勤奋（Application）

学生在专心学习、坚持学习的同时，也在努力学习。他们应用自己的程度通常是他们对学习目标的重视程度与他们对实现目标的期望值的乘积。"平庸的人在应用中所取得的成就优于不在应用中的。"[巴尔塔萨·格雷西安（Baltasar Gracián），1601—1658]

挑战（Challenge）

4

挑战是所有其他因素的基础。它包括帮助人们克服任务本身的困难或老师为目标设定的困难。"我们需要更多的挑战，更少的教导，因为人的身体、思想和精神都是从挑战中成长起来的。"（马修·利普曼）[4]

思考（Thinking）

教孩子思考是为了帮助他们发展概念能力、判断能力和实践智慧。"始终放在首位的应当是独立思考和判断的一般能力的培养，而不是特殊知识的获得。"[阿尔伯特·爱因斯坦（Albert Einstein）][5]

自尊（Self-esteem）

自尊包括自信、自我价值和克服挫折的个人资源。"缺乏信仰使人们害怕面对挑战，而我相信我自己。"[穆罕默德·阿里（Muhammad Ali），1942—2016]

FACTS：原因

1999 年在成为奥克兰大学教育学教授的就职演说中[6]，约翰·哈蒂根据他对教育调查的广泛的比较研究提出了以下主张：

1. 学生和教师制定并传达适当、具体和富有挑战性的目标，从而提高成绩。
2. 反馈的一个功能是成就提高（即，当反馈增加时，成就也会增加）。
3. 学生学习的增长不仅涉及表面和深层的学习，还涉及信息的重新概念化。

这在一定程度上解释了为什么我把反馈和挑战列为我书中五个关键章节中的两个，以及为什么后面的课程计划与概念和重新概念化有关。

至于对于思考、自尊和应用的关注，这些都是我在担任一个数百万英镑的项目（RAIS）主任期间的研究结果，该项目旨在提高英格兰东北部年轻人的抱负。[7] 在 5 年多的时间里，RAIS 项目专注于发展思维能力和自尊，并寻求提高所有学习者的应用能力。由于对该项目的积极成果的认可——为改善英格兰东北部年轻人的生活机会作出了重大贡献，项目获得了一项享有盛誉的奖项。

因此，FACTS 的五个方面被确定为强化所有挑战性学习课程的主要理论基础。

第二章　反馈

> 如果存在唯一需要教师们吸收的关于班级反馈的原则,那么这条原则是:唯一重要的是学生用反馈来做什么。无论反馈如何精心设计,如果学生不使用反馈推动自己的学习,那都是在浪费时间。
>
> ［迪伦·威廉(Dylan Wiliam),2014］[8]

关于反馈的三个问题

反馈的核心有三个关键问题:

1. 我在尝试做什么?
2. 我取得了多大的进步?
3. 我下一步应该做什么?

反馈的关键点

定义

反馈应该提供和任务或是过程相关的信息,帮助学生接近他们的学习意图。

重要性

反馈能对学习或成就产生重要影响,如果它:

■ 和清晰、具体的目标相关联

6

■ 能刺激部分学习者产生思考和主动的回应

■ 允许从错误中学习，而不是害怕错误或是在犯错时被惩罚

警惕

警惕给予个人比较笼统的反馈（比如，"很棒的男孩"和"聪明的女孩"），或是认为表扬总是积极的反馈形式。反馈和表扬都应该关注于表现和进步，而不是某个人。

什么是反馈？

反馈这一术语被用于很多情境中。这里采用的定义是：

反馈应该提供和任务或是过程相关的信息，帮助学生接近他们的学习意图。

通过思考帮助学生的信息，这个定义可以被分解成三部分：

1. 理解目标或学习意图；
2. 知道他们和目标的相对位置；
3. 意识到他们需要做什么可以跨越当前位置和目标之间的鸿沟。

值得注意的是反馈很关注内容和过程（包括思考的类型），甚至是学生的自我信念。举例来说，在确定需要了解的内容（知识）的同时，反馈也关注学生的思考策略（例如，通过检验他们的假设），探索他们关于自己的信念，包括学习的自信水平。正如温妮（Winnie）和巴特勒（Butler）在1994年时谈道："反馈是学习者可以用来确定、添加、重写、调整或重建的信息，这些信息的种类可以是某个领域的知识（内容）、元认知知识（对表现的思考），对自己和任务的信念或是认知策略或技巧。"[9]

反馈应该在什么时候出现？

反馈应该紧跟在学生第一次尝试去理解、创造或做一些事情之后（见图 2.1），并且应该确定需要做什么以便朝着明确的学习目标取得更多进展（谨记"准备，开火，目标"）。

反馈要及时，以便学生不仅能记住他们所做的决定，而且也能记住他们做出这样的决定并拒绝其他选择的原因。如果反馈在几周之后，甚至是学生完成学习之后才给出，那么它的效果就会减弱。

7

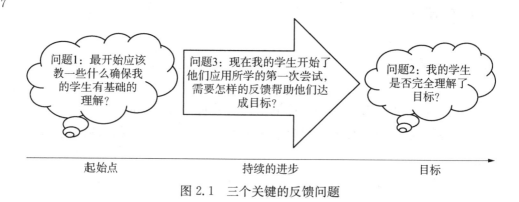

起始点　　　　　　　　　　　持续的进步　　　　　　　　目标

图 2.1　三个关键的反馈问题

教师是否提供了足够的反馈？

常识告诉我们：我们需要反馈帮助学习

反馈为我们提供了信息：我们在实现目标上的表现情况，以及下一步我们可能需要做什么。如果缺少这些信息，我们有理由认为：要么是进展有限，要么是方向错误。我们总是因为不知道目标是什么或是做得怎么样而遭遇困难。常识性的观点也得到了研究的支持。

统计证据确定：反馈是影响学习的重要因素

统计证据，特别是利萨科夫斯基(Lysakowski)和沃尔伯格(Walberg)[10]，马扎诺(Marzano)等[11]，布莱克(Black)和威廉(Wiliam)[12]，哈蒂[13]的研究显示：反馈是学习和成就的重要影响因素之一。

反馈对学习的影响：对来自54项研究包含大约700个班级14 689名学生的混合样例进行统计数据计算，结果显示学习成果得到了平均50%到83%的提升。研究结果在不同学段(小学到大学)、不同社会经济水平、不同种族、不同学校性质(私立或公立)、不同政治制度上并无差异。

目前学校提供的反馈不充足

卡利斯(Carless)对学生和教师进行了调查：教师是否为帮助学生改进他们接下来的任务提供了细致的反馈？大约70%的老师宣称他们经常或总是提供这样细致的反馈，但是仅有45%的学生同意老师的说法(哈蒂，2009)[15]。

是不是所有反馈都是积极的？

尽管有强有力的证据表明反馈是学生进步的关键因素，但是并非所有形式的反馈都是积极的。例如，有相当一部分学者已证实：

仅仅告诉学生他们答案的对错(作为一种反馈形式)，会对学习产生负面影响。

在《学习评价：超越黑箱》("Assessment for Learning: Beyond the black box")一文中，评价改革小组成员(英国)确定了一些不能给学习带来增益的反馈的特征，它们包括：

- 倾向于让教师评估和展示任务的数量而不是评估学习的质量；

- 过于关注标记和等第（这些往往会降低学生的自尊），而不是提供改进的建议；
- 过于强调学生间的相互竞争——这种实践会使最不成功的学习者丧失信心；
- 教师给予学生的反馈总是带有社会性或管理性的目的，而不是帮助他们更高效地学习：
- 教师对他们学生的学习需求没有充分的了解。[16]

此外，根据卡罗尔·德韦克[17]开创性的研究和布莱克、威廉[18]的研究，需要警惕这样的反馈：过度关注个人特性，而不是学生在特定目标下的表现。这样的反馈会导致学生更加害怕失败，更容易表现出接受更少的危险和挑战。相关内容会在自尊的章节中进行更深入的探讨。

哪种类型的反馈是最佳的？

对哈蒂数据库中74篇元分析进行了细致的综合分析，证实最有效的反馈形式为学习者提供了线索和强化，可以是影像的、音频的或是计算机支持的指导性反馈；和/或与目标相关。反之，程序教学、表扬、惩罚、外在奖励对于增进成就是最无效的。

[哈蒂和廷珀利（Timperley），2007][19]

决定反馈的最佳形式需要根据实际情境。但是使用以下类型的反馈，只要合适，就会丰富你的挑战性学习课程。在接下来的章节中会对它们依次进行研究。

指导

指导是一种密集的、有计划的鼓励和引导，目标在于发展生活和学习的核心技能、积极态度和其他个性品质。

对话

对话是最及时、最具有协作性的给学生反馈的方式,为学生对学习的思考和理解的策略提供了刺激和模型。更多细节在第 10—11 页。

形成性和终结性评价

形成性评价是一种根据学生的努力,为他们提供解释、诊断、激励和/或详尽阐述的反馈。形成性评价可以确保他们取得更多进步。通常最完整的反馈形式是对话。具体内容在第 14 页进行探讨。

表扬

虽然通常表扬是最先给予和接受的最令人愉快的反馈形式,但它会产生一些适得其反的后果,特别是当学生因完成简单的任务而受到表扬时。这个问题将在自尊的章节中进行深入探讨(参见第 97—108 页)。

同伴和自我评价

根据纳托尔(Nuthall)[20] 的研究,学生每天收到的大多数反馈来自他们的同伴,这些反馈并不正确。关于解决这个问题的建议在第 16—19 页。

录像和电脑反馈

虽然我没有任何数据支持,但是证据显示:学生们似乎对电脑评价成就和录像评价表现有很好的反应。他们对电脑评价没有感到不适;视频证据往往不言自明。这些内容是由哈蒂和廷珀利两位学者在 2007 年发表的一篇关于反馈的论文中提出的,[21] 在第 28 页会进行探讨。

学生对教师的反馈

当教师欢迎学生对他们所理解的内容、犯错的原因、参与情况进行反馈，教师的指导就会更有效果。这种开放的心态向学生们表明，反馈对每个人都很重要，包括教师。这些内容会在第 27—28 页进行探讨。

指导作为一种反馈的形式

许多关于指导的文献都提到了所谓的前馈和反馈。前馈包括设定目标、选择策略、想象成功和"尝试新事物"。

关于这一主题的两本好书即丁克迈耶（Dinkmeyer）和德瑞克斯（Dreikurs）[22] 的《鼓励孩子去学习》（*Encouraging children to learn*）以及威廉和韦格里夫（Williams 和 Wegerif）[23] 的《根本的鼓励》（*Radical Encouragement*）都给出了相似的建议：

- 认可并关注学生的优势和资质。
- 帮助学生定义和实现目标。
- 注意学生从自己的经历中可以获得的意义。
- 认识到赞美和鼓励之间的区别。

保罗·迪尔洛夫（Paul Dearlove, www. stepupto. org）和罗杰·格林纳威（Roger Greenaway, www. reviewing. co. uk）的成果值得一看，这两位是英国在指导和回顾技术方面领先的专家。

对话作为一种反馈的形式

对话不仅仅是诉说和倾听，它也是思考的基础。利维·维果斯基

(Lev Vygotsky),乔治·赫伯特·米德(George Herbert Mead)和马修·
李普曼,都同意以下广义上的观点:

- 我们可以通过讨论合作完成任务并逐渐内化。因此最终我们可以
  通过自己的思考独立完成这些任务。
- 思考就像是大脑中的对话。如果我们经历了丰富且具有反思性的
  对话,那么对话的特质,如问题和回答,就会在我们自己的思维中表
  现出来,帮助我们变得更具反思性。这意味着如果我们经常忍受老
  师或家长的独白,没有获得提问,那么我们的反思能力将会受限。

认识到内部对话的重要性是提高反馈质量乃至学习质量的重要步骤。
因此,如果学生确实会对与他人对话的各个方面进行内化,那么我们提供
的反馈就非常地重要,必须提供有价值的模式,能够培养积极、熟练的思
维,同时具有反思能力。

在这本书的后面,有许多课程理念,旨在通过使用对话来深化和挑战
学习。使用这些理念作为提高课堂反馈质量的方法会对学生成果产生非
常积极的影响。

更多关于对话的阅读材料

有许多通过对话进行反馈,以及发展学生本身的对话能力的策略。许
多成熟的技巧,如"谈话伙伴"和"思考、配对、分享"都会得到同伴的反馈。
然而,教师通过对话提供的反馈是至关重要的,这些反馈的主题是广泛而
深刻的。我推荐以下书籍作为对该领域进行全面实践和理论理解的起点:

11

- Alexander, R. J. T., *Towards Dialogic Teaching: Rethinking classroom talk*, Dialogos, 2014.
- Cam, P., *Thinking Together. Philosophical inquiry for the classroom*, Hale & Iremonger, 1995.
- Kagan, S., Classbuilding: Cooperative for learning activities,

Kagan Cooperative learning, 1995.

■ Wegerif, R., "Dialogic education: what is it and why do we need it?", *Education Review*, 2006, Vol.19, No.2.

探究性团队中的对话

组建"探索性团队"是提供反馈（通过对话）和发展学生对话能力的最好方法之一。[24]

"团队"的目标在于建立合作、互相关心、互相尊重和建立安全感；"探索"寻求理性的理解、意义和价值。

如果经过一段时间探索性团队发展得很成功，学生们思考的问题就会更加深入，更有意义；他们的讨论就会更有规则和重点，同时富有想象力。他们关注别人的观点，但是不接受简单的答案；他们通过问题和挑战的形式对所听到的内容继续反馈。

12　儿童哲学

实践儿童哲学是在班级中形成探究性小组最直接的方法。儿童哲学最早由马修·李普曼教授和儿童哲学促进研究所（Institute for the Advancement）的同事在 1972 年提出，[25] 现在是一项全球性的教育倡议，在 60 多个国家实施。很多儿童哲学的实践在整个课程中都能很好地泛化，并且有助于发展反馈的氛围，因此使得以下反馈条件得以盛行。

了解目标

在开始实践儿童哲学的时候，要明确一个问题（从第 127 页开始，有很多在课程计划中可能出现的问题的例子）。探索的重点在于把团队注意力集中在理解问题的意义和测试答案上。与推理和行为相关的目标将定期进行应用、审视和修订。

通过当前的了解来思考

在开始对问题进行探索后，探索性团队的参与者被鼓励反思自己的思考，包括信念和假设，以及这些假设如何与他人的想法联系起来。

确定缩小差距的方法

在最初的探索中，通常是之后，参与者一起合作，确定解决困难问题最佳方法的可能步骤。通过这样的方法。儿童哲学回答了反馈至关重要的三个问题：

- 我们正努力实现什么？
- 我们现在在哪儿？
- 我们下一步该做什么？

此外，儿童哲学也向学生们说明了以下事实：并不是每个问题都有答案；有时我们没有实现自己的目标，这并不需要感到羞愧。

儿童哲学概述[26]

练习 1：鼓励提问

1. 在你的课上设计提问环节鼓励学生提问。允许学生在提出问题之前和同伴进行讨论。让学生写下他们的问题。

2. 收集问题，并和学生们一起学习。讨论问题的种类，以及如何回答这些问题。呈现问题并把问题写在"问题收集册"上或是展示在墙上。

3. 在你的课上腾出时间和空间，与学生一起讨论问题。帮助学生发现问题中包含的假设和重要的概念。

13

4. 帮助学生区分那些需要信息、推理和思考判断的问题或部分问题。例如像小红帽这样的故事可能会促使学生提问:"爸爸警告过小女孩什么事情?"(信息)"外婆怎么了?"(推理)"孩子们应该总是按照大人告诉他们的去做吗?"(判断)

5. 帮助学生选择要一起讨论的提问(见练习3)。

练习2:发展概念

挑选一些重要的概念(第128—134页),花时间和学生进行讨论。通过引入一些"边缘案例"促进讨论,例如所选概念明显不适合应用的场景或问题(如,决定戒烟是不是有"意志力"的表现?)。允许学生探索他们的理解,并引导他们进行更深入的讨论。

练习3:鼓励对话和辩论

你可以采取以下一些步骤来鼓励课堂上的对话和辩论:

- 让学生们围成一个圈坐下,这样他们就可以看到彼此,并且听得更专注。
- 建立一些进行良好对话的基本规则,并帮助学生实际运用。
- 建立论证的思想,把论证作为寻找问题最佳答案的一种手段,并通过论证排除可能的答案。鼓励学生以合作论证精神检验主张和理由,鼓励不带情绪去争论。
- 通过允许短暂的"停战"(breakouts)给学生们思考的时间,他们可以与同伴交谈,总结想法或排练辩论要点。
- 给学生展示如何进行更深层次对话的行动样例。这些行动包括:思考不同的观点,推测不同观点的后果;举例子;注意相似之处和差异;考察原因;确定关于人和事物的陈述的适用范围(适用于所有情况、大多数情况、有些情况和/或完全不适用)。

练习 4:追求合理

如果你把上面列出的所有特征都做到了,那么你的学生就会很好地理解这个词的所有意义;他们应该接受新的想法和其他观点,他们不应该过早判断他人的意见,他们会倾向于重视有合理理由的论点。如果你重视合理性,并关注它的各个方面,那么学生也更有可能开始重视它。关于儿童哲学、资源和培训的信息可以在网站上轻松获得。[27]

卡利斯就"教师是否为学生提供了细致的反馈,帮助他们在下一次任务中取得进步"这一问题对学生和教师进行了调查。70%的教师声称他们经常或总是提供细致的反馈,但仅有45%的学生同意他们老师的说法。

此外,纳托尔发现学生每天在教室中获得的大多数反馈都来自其他同学,而且这些反馈中的大部分都是不正确的。

(约翰·哈蒂,2009)[28]

形成性和终结性反馈

形成性评价是指正在进行的诊断性评价,可以帮助学生在学习上取得进步。终结性反馈,是从另一方面来看的,只是确定学生们做对了什么,做错了什么,它经常用分数或及格率表示。表2.1展示了两者的主要区别。

表 2.1　形成性反馈 VS 终结性反馈(1)

确定性	你的回答是对的/错的。	终结性反馈
修正性	你的回答是错误的,正确答案是……	
解释性	你的回答是错误的,原因是……	
诊断性	你的回答显示你忘记了…… 下一次,在回答之前注意以下问题……	形成性反馈
详尽的	你的回答很准确。 这个问题的关键在于你决定把重点放在…… 为了下一次取得更大的进步,我建议……	

¹⁵ 评价

罗伯特·马扎诺等[29]和保罗·布莱克教授的研究结果有利于说明教师的反馈通常应该避免采用评分的形式。

研究实验已证实，虽然学生的学习可以通过评语反馈来提升，但是给分数或是等级会给学生带来负面的影响，因为当同时有分数时他们会忽视评语。

然而和许多老师一样，当我还是一个老师的时候，我被期待使用分数或等级来评价学生的作业。当我停止这种做法时，我的许多学生质疑我是不是做错了。一些学生家长抱怨我没有正确地打分——甚至有一两个部门主管也建议我尽快重新采用标准测验的方法。

经过一段时间后，我的学生才开始彻底地阅读我的评语和反馈。当我问他们为什么会这样时，他们回答道：先前如果他们得到 10 分（满分 10 分）或是等级 A 或 B，那么阅读我的评语就没有意义了，因为他们认为自己已经做得很好了。相反，如果他们得到了较差的等级或分数，他们认为自己无法做好，进一步阅读评语也是没有意义的。

（布莱克和威廉，1998）[30]

如果你必须给学生打分，那么也许可以打分和给评语交替进行，给一次作业打分，给下一次作业提供有用的评语。通过这种方法，等级就可以被用于想要它们达到的目的，评语能够用于支持学习过程。

作者的"评价"例子

学习意图
在你的习作中更好地使用例子和反例，以便更多地考虑你的结论。

教师的评语
"做得好，格里加（Graig），你在达到学习意图方面取得了重大进展。

与你之前的作业相比,现在这篇文章有更广泛、更发人深省的例子来支持你的结论。我特别喜欢你在第 7 行中用的例子,它告诉我们常识并不总是正确的。我希望在你的下一份作业中更多地看到反面例子的使用。因为这将使得到的结论不会片面。"

需要思考的问题

"你能想一个你可能会在文章中使用的反例吗? 此外,在下一篇议论文中使用反面例子会有哪些好处?"

表 2.2 总结了评价方式对学生学习的影响情况。该研究对象为 132 名 11 岁的学生,研究中反馈形式有写评语和打分[来自巴特勒(Butler)有关使用等级评价学生作业的影响的研究][31]。收益指的是学生在特定学科领域取得的成就。

16

表2.2 形成性反馈 VS 终结性反馈(2)

组别	反馈形式	前后收益	态度
A	仅评语	30%收益	积极
B	仅评分	没有收益	前 25%——积极 后 25%——消极
B	评语＋评分	没有收益	前 25%——积极 后 25%——消极

和学生一起评价

和做这份作业的学生一起对作业进行评价是最好的方式。他或她可以对自己做的决定提供解释。你可以指导他们确定下次类似作业的改进方法。每两周,在放学前或放学后,和每个学生商量安排一次碰面时间,有助于我在一些方面成为高效的评价者和老师。首先,它大大减少了我在家评价的时间。其次,它提高了我反馈的有效性——我的在场保证了评语被听到,学生也能对我的建议进行提问。

在新西兰马斯特顿的道格拉斯公园学校，教师们已经开发了使用学习会议促进和学生一起评价。我在我的博客上写了详细的文章，但简而言之，它的基本原理是：

"评估"一词来自拉丁语，本意是坐在旁边，所以我们的学习会议给父母一个完美的机会"坐在他们孩子旁边"；鼓励我们的学生承担学习的个人责任；发展他们的沟通和组织技能；为自己和父母说明他们的进步感受，并快速加强学校与家庭的沟通和关系。

邀请学生对你的评价做回应

如果挤出时间与每个学生进行一对一反馈有困难，那么就采用你给书面评语，邀请他们采用口语或书面的形式给予回应。在第20页"作者的评价样例"中有这种邀请回应类型的评语样例。

同伴和自我评价

如果学生收到的大多数反馈来自他们的同伴，并且是不正确的，[32]那么学生就必须学习如何给予、接受高质量的反馈，并按照反馈采取行动。

17　　仅仅让学生回顾和分析他们自己的任务和他人的任务是不够的。在如何对本质和后果进行合适的回顾和分析上，他们需要指导。以下是我从过去几年合作过的学校中收集到的例子。

1. 自我评价在数学课中的应用

这个例子来自墨尔本布莱顿中学由拉克兰·钱皮恩（Lachlan Champion）教授的九年级（14岁）班。

这份自评表的很多方面我都很喜欢：首先，左边一栏的成功标准让学生们对他们应该达到的学习目标有清晰的认识。

其次,将"表情符号(伤心—平静—笑脸)"从左边的列移动到最远的右边的列,让人体会到真实的进步感。一次快照(根据例子)只要快速看一眼表格,就能读出学生学习的进展,以及他或她的下一步应该做什么。

如果你看了我在第 6 页给出的定义,你就会明白这个自评网格是如何帮助学生思考反馈的所有三个阶段的:

1. 理解目标或学习意图。
2. 知道他们与目标的相对位置。

表 2.3 数学课自评表

技能	从未表现	有时表现	多数时间表现	总是表现
回忆公式				☺
标记三角形的边				☺
找出斜边				☺
重新排列公式,找到短边				☺
使用图解解答复合形状		☺		
回答措辞问题(使用句子)	☹			
四舍五入			☺	
解决质量相关问题			☺	
拓展问题		☺		

3. 意识到他们需要做些什么来跨越当前位置与目标之间的差距。

18

2. 自我评价在历史课上的应用

这个例子来自珀斯阿兰莫尔天主教学院由弗兰克·伊根(Frank Egan)教授的 11 年级(16 岁)的班级。

2012 年,我有幸与珀斯阿兰莫尔天主教学院的工作人员一起工作。在我们一起工作的那段时间,其中一位老师弗兰克·伊根,设计了如

表2.4所示的历史课自我评价表。

后来，弗兰克收到的一些评论包括：

- "我可以真实地看到如何改进，它很清楚。"
- "我可以发现在这些段落中没有提供足够的事实证据。"
- "那么，一个结论很重要吗？"
- "我引言的内容和文章内容毫无关联。"

此外，正如不久之后弗兰克写给我的电子邮件中所说的："一个男孩想知道为什么这么简单的东西以前没有被展示出来。"

表2.4　历史课自我评价表

	没有	快要完成	完成	完成并有细节
引言				
4个及以上的句子				
命题陈述				
叙述大纲				
主题背景				
文章的主体				
3个及以上的句子				
每段6个及以上的事实案例				
相互间的关系				
论点是相关的				
引用提供的材料				
结论				
3个及以上的句子				
总结				
论证观点的证据				

（续表）

	没有	快要完成	完成	完成并有细节
读写能力				
拼写的正确率				
语法结构				
使用同义词				

3. 收集过去的例子

19

前面弗兰克·伊根的指导表格应该能帮助学生改进他们的作业达到非常优秀的程度。但是如何写最好的文章呢？这大概需要某种说不清的东西，这种东西不容易通过简单的点状符号来表示。

为了帮助解决这个问题，我鼓励你复制你读到的作业中的三份作为例子——一个最好的例子、一个较好的例子和一个普通的例子。然后你可以把这些作业副本匿名，鼓励其他年级组的学生进行分析。

例如，你可以把三篇样例文章（优秀的、较好的、一般的）及类似于弗兰克的指导表格的评价表给其他年级组的学生，让他们决定哪篇文章最好，哪篇文章较好，哪篇文章刚刚及格。或者你可以给三篇样例文章评分，然后让学生根据文章的不同来编写自评表格。

当然，这个做法并不仅仅局限于历史论文，同样的步骤也可以用于任何主题。例如，记录三场表演，找出其中的差异（活动类型可以是运动、戏剧、音乐、舞蹈或这些内容的组合）；比较三件艺术品、三首诗、三种完成科学实验的方法，等等。重要的是，学生们能够使用不同的标准进行比较和对比。

实现反馈的七个步骤

从写这本书第一版开始，我就已经提出了"实现反馈的七个步骤"的理论。对我认为的反馈理论和实践中最好的方面进行了汇总。

实现反馈的七个步骤

1. 确定目标
2. 初次尝试
3. 自我和/或同伴评价
4. 再次尝试
5. 教师反馈
6. 最终尝试
7. 评分（如果需要）

第一步：确定目标

如果你的学生不理解他们的学习目标，那么反馈就不会有效果。所以，尽你所能，把这部分做好！我还想说的是：如果你的学生不理解他们的学习目标，那么他们就不会关心他人对任务的反馈。在学习中使用鼓励、赞扬和促进注意力的技术，但是不关心反馈，学习是不可能有成效的。

前面介绍的自我评价在数学课堂和历史课堂上应用的案例也很好地展示了如何确定目标。对于年幼的孩子，明确目标的方法可能是这样的：

画画时，我希望你们注意以下两点：(1)使用整个页面（上周，很多人画在了角落，整张画纸有很多没有使用到的空间）；(2)我希望你们至少使用三种颜色。

记住：目标设置并不仅仅是课程的一部分，例如，在游泳时我们也可以设定目标。

当你练习自由泳时，我希望你注意两个关键点：确保你的手肘是整个手臂最先离开水面的地方（不是你的手或肩膀）；转身呼吸时，不要过度旋转你的头，转头到让你一半的嘴呼吸就可以了。

在小组活动中也可以设定目标：

在小组活动时，我希望你们间歇性地停下来提供相关反馈：说明理由；

与他人观点的联系；当别人在交流时注意倾听。

第二步：初次尝试（或第一次参加体育活动）

一旦你的学生理解了他们的学习目标和他们在学习中应该做什么，那么他们就可以开始自己的任务了。通过告诉学生们他们正在做的是"初次尝试"而不是他们的任务来鼓励他们。"初次尝试"意味着接下来还可以修正，而"做任务"会让学生们认为一旦他们完成第一次尝试，他们就完成了整个过程。在参与体育活动学习时也是如此，鼓励学生他们是在第一次尝试，而不是在展示。同样，这意味着接下来会有反馈和改进。

第三步：自我和/或同伴评价

在初次尝试完成后，学生应该花时间回顾自己的任务。可以独自进行或是和回应同伴、同学一起。自我评价把学生初次尝试的作品和学习意图、成功标准进行比较，这样学生们就能够回答反馈的三个关键问题。

1. 我想实现什么？
2. 到目前为止，我取得了多少进展？
3. 我接下来该做什么？

第四步：再次尝试

根据他们从回应伙伴那里得到的建议，或者根据他们自己对初次尝试与成功标准之比较的反思，接下来学生们应该进行改进，并对任务进行再次尝试。我并不是说他们应该重新做一次。我的意思是他们应该做补充和修正——如果他们在做书面任务，也许可以用不同颜色的笔加以标注；如果他们在做电子版任务，可以加入"标记"；如果他们参加的是体育活动学习，那么他们可以再次尝试相应技能。

第五步：教师反馈

当你的学生完成了第一至第四步，这时就应该提供教师反馈了。当然在整个过程中，我们可能一直在给予反馈、指导和鼓励，但反馈的第五阶段，我们应该给予更详细的反馈内容。

学校有很多流行的反馈惯例，但我想说的是，在最有效的指导方式中反馈应该是包含有建议、建议、建议的（重要的事情说三遍）。换句话说：有什么是可以改变的、修改的、单独留下的、添加的、完全废弃的？

建议内容应该非常明显地集中在任务上，而不是学生身上（例如，"通过缩短句子，使句子能更有力地说明结论"，而不是"文章需要一些说明。我希望你更加努力"）。更多关于这部分内容的说明，请参考本书后面关于卡罗尔·德韦克的研究介绍。

记住：老师在给评语时应该把自己想象成教练，而不是裁判！举例来说，我们的评语应该同时具有挑战性、建议性、鼓励性、赞扬性，并提出要求。我们的反馈应该推动/鼓励学生超越他们自己本身的能力。换句话说，我们的反馈应该让他们进入自己的最近发展区或"摇摆区"。这就是反馈的全部意义——让学生超越他们自己所能做的事情；超越他们目前的能力，使他们取得更多的进步。

实践中，有些老师对我说："告诉孩子们如何更好地完成他们的任务不是在作弊吗？"我总是这样回答："非常遗憾，我认为你混淆了'作弊'和'教学'！"我们和学生在一起工作的理由是帮助他们超越他们自己能做的！反馈应该能帮助学生提高学习水平，并比他们自己做得更好。当然，在部分课程中，我们不允许这样做，但在其他课程中，反馈是我们工具箱中帮助学生取得巨大进步的最佳工具之一。

请注意不要对学生的任务进行等级评定或评分，如果确实需要分数，应该推迟到第七步进行。

第六步：最终尝试

以下是"实现反馈的七个步骤"实施的关键：你的学生应该在你给予反

馈后进行最后的尝试,而不是在你给予反馈之前!

　　有多少次我们是在学生完成他们的任务后给予反馈的? 这样做的意义是什么? 我知道我们给的建议是为他们下一次完成类似的活动做准备的。但老实说,能有多少学生会说:"太好了,我迫不及待地想再次完成这一主题的任务,这样我就可以用上老师精彩的智慧之语了。"也许你的学生会这样做。如果是这样的话,你教的学生和我教的学生有很大的不同。据我所知,当我在学生们完成任务后给他们评语,学生最好的情况也只是点点头,最坏的情况是会反驳我。

　　反馈的意义是改变学生的表现或学习。所以,保证反馈时机的正确性,在学生完成任务之前给予他们精彩的、启发思考的、有洞察力的反馈(但不是在他们完成二至四步之前)。

第七步:评分(如果需要)

　　分数对于学习过程几乎没有任何作用,这是一个经过仔细论证的观点。事实上,正如露丝·巴特勒(见表 2.2)和其他人所指出的那样,分数往往会削弱反馈的效果,同时给分数和反馈等同于根本不提供反馈。

　　然而,如果你被要求必须评分,那么就让评分为你所用。让你的学生给他们自己的任务完成情况打分。如果他们打的分非常准确,那么评分工作就顺利完成了。如果他们打的分非常不准确,那么你将会得到一些关于他们完成情况和对成果标准的误解等有用的信息。事实上,我发现当我在一项任务开始时就告诉学生他们被期望给自己的任务完成情况进行评分,学生们会更加关注成功的标准! 所以也许这样评分可以有好的效果。

　　无论你是否让你的学生给自己的任务完成情况打分或是相互打分,关键在于应该把评分和第五步的形成性评价分开。

关于"实现反馈的七个步骤"的一些注意事项

　　在我开始当老师的时候,领导进入教室观察教师教学是非常普遍的现象。这似乎是在做错误的强调:为什么事实上学生的学习更重要,但我们却只重视教学。通常情况下,教师的教学不会引发有意的学生的学习,有时甚至会阻碍学生的学习。而在其他时候,最好的学习往往发生在没有教师教学的情况下!

值得庆幸的是,在那以后,事情有了进展。现在领导观察学生学习情况变得更为普遍(经常询问学生们反馈的三个关键问题:你在学习什么?你已经取得了哪些进展? 你下一步会做什么?)。

然而,在反馈方面,事情似乎没有想象中进展得那么快:我们仍然关注反馈本身,而不是反馈的效果。我的意思是反馈是一种信息的传递方式(同样地教学也是一种信息的传递方式),反馈的效果取决于信息被理解和应用的情况(同样地学习效果也取决于信息被理解和应用的情况)。

所以我们不应该关注反馈的质量,尤其是这常常演变成对"评分"质量的痴迷。相反,我们应该关注反馈的效果。为什么有那么多的学校坚持制定我无法提供的规定评分方法和评分时间的"评分政策",建立"从反馈中学习"的政策用于检查教师反馈的效果不是更好吗?

为了做到这点,我们可以使用编码系统,它可以很容易地确定草稿 1是由哪些内容构成的,草稿 2 是由哪些内容构成的,最后编辑的内容。可以使用像颜色一样的直接的编码系统,草稿 1 使用黑色,草稿 2 使用红色,最后一次编辑时使用绿色。在电子文档中使用标记工具也是如此。

最主要的是,我们应该能在草稿 1 到草稿 2 编辑的内容中看到学生自我评价对学习的影响,能在草稿 2 到终稿编辑的内容中看到我们反馈的影响。通过这样做,我们将会看出是什么真正起到了作用,是反馈的效果而不是反馈本身。这使我们摆脱了不得不写反馈的"暴政",检查我们工作的人和我们进行"评分"的学生可以获得双赢。这也会让我们回到我们熟知的内容:学生们获得的一些最好的反馈是口头的,甚至是非语言的(比如鼓励或重新定向的手势)。当然,书面反馈可以是非常有用的,特别是在学生完成他们的任务之前给出书面反馈。但是正如很多"评分制度"建议的那样,书面反馈的好处是简单,坏处是过于绝对。

教学生如何给予反馈

应该教学生如何给予反馈。通常情况下,最开始他们是模仿老师给予他们反馈的方法,因此我们需要确保自己的示范正确。接着,像本章最后的一些指南可以帮助提高同伴评价的质量和效果。

在本书中我介绍了三个模型:态度—技能—知识模型(ASK: the Attitudes, Skills and Knowledge model,见第 34—36 页),教学目标模型(TTM: the Teaching Target model,见第 53—56 页)和学习坑模型(the Learning Pit model,见第 109—126 页)。为了更好地使用这些模型,请参考如下建议。

创造反思的机会

教师提问后的等待时间平均只有 1 秒钟或是更少。这实际上是阻断了学生反思问题或准备答案的可能性。所以第一件要做的事情是放慢速度,提供思考的时间,不必通过重复问题或给提示来填满学生们沉默思考的时间,让学生过早地回答。

1 秒钟这一数值来自玛丽·巴德·罗伊(Mary Budd Rowe)的研究。她在 1973 年发现将提问后的等待时间从平均 1 秒提升到 3 秒可以确保获得收益:

- 资优生解释说明的时间增加了 5 倍,学困生解释说明的时间增加了 7 倍。
- 主动举手且回答恰当的人数急剧增加。
- 无法回答的学生人数从平均 30% 下降至不到 5%。
- 孩子们提问的数量急剧增加。

(佛罗里达州立大学儿童教育系,玛丽·巴德·罗伊)[33]

我设计了一些同伴评价的模板来帮助我的学生学习如何评价彼此的任务完成情况以及自己的任务完成情况。模板内容基于我在复习和预习中使用的态度—技能—知识（ASK）模型（见第 42—44 页）以及卡罗尔·德韦克的成长型思维模式（见第 45—47 页）。模板供学生两人一组学习。与学生讨论模板中的专业用语很重要，这样学生就不会去做批判性的评价，而是把这一过程作为一种探索学习的工具。你可能需要根据学生的年龄调整模板的语言。

如果学生能胜任自我评价的工作（元认知的发展告诉我们他们具有相应的能力），那么他们需要在提问和改进任务质量上有持续性的经验，在理解评价期望达到的目标和评价标准上有支持性的经验。

［罗伊斯·萨德勒（Royce Sadler），1989］[34]

同伴评价的模板

态度

全神贯注的

我的学习伙伴完全投入了这次新的学习，愿意冒风险拓展他们的理解，并且试图弄清学习的内容可以如何应用。

有决心的

我的学习伙伴下定决心好好学习，重视取得的进展，并且开始思考新的学习内容的意义。

感兴趣的

我的学习伙伴对学习内容很感兴趣但学起来有困难，他想获得理解学习内容所必需的知识和技能。

没有兴趣但有意愿的

我的学习伙伴对学习没有兴趣，但是想试一试。

没有兴趣且没有意愿的

我的学习伙伴对学习的主题没有兴趣，也不愿意尝试。

技能

精湛的

我的学习伙伴在该项技能上有突出的表现，没有明显的错误，几乎能够实现自动化。

专业的

我的学习伙伴可以熟练地展现这种技能或操作。

熟练的

我的学习伙伴对技能很熟悉，目前可以很好地完成这项技能。

发展中

有迹象表明，我的学习伙伴已经开始学习和发展这项技能。

初学者

我的学习伙伴还没有跨过初学者/新手阶段。

知识

有全面的理解

我的学习伙伴知道并完全理解这种新的学习，并能够向他人解释其更广泛的意义。

有较好的理解

我的学习伙伴可以很好地回答以"什么、为什么、什么时候、如何"等词语开头的问题。

26　　### 有基本的理解

我的学习伙伴能简单回答以"什么、为什么、什么时候、如何"等词语开头的问题，但只能说出很少的细节内容。

有一些思考

我的学习伙伴有一些关于该学习主题的知识储备，但还不能对事情进行解释说明。

完全不具备相关知识

我的学习伙伴似乎完全不具备关于该学习主题的知识。

表扬

虽然给予和受到表扬是一种令人愉快的反馈形式,但是表扬也有陷阱。卡罗尔·德韦克的研究结果显示表扬学生的智力水平会使他们更害怕失败,无法应对挫折。[35]

德韦克教授的研究确定和研究了两种不同类型的个人目标:绩效目标(如取得好成绩或被认为是成功的)和学习目标(学习的意图)。德韦克分别将这两种思维称为固定型思维和成长型思维。赞美常常会满足固定型思维,对学习产生危害。

在"勤奋"这一章中,我对德韦克的思维相关研究进行了更深入的探索(第45—47页)。

此外,格林(Greene)和米勒(Miller)(1996)的研究发现关注绩效目标会导致忽略学习过程,进而造成低成就。同时具有学习相关目标和高自尊水平,可以促进有意义的认知参与,并取得高成就。[36]

在第97页开始的"自尊"一章中,会有更多关于表扬的内容。下面是我主要观点的概述:

- 表扬行为而不是表扬某个人(如"令人满意的阅读"而不是"令人满意的阅读者")
- 确保表扬是具体的,表扬应该与进步相关,而不是天生的能力。
- 避免把学生与他人进行比较。
- 确保表扬具有可信度(避免不真诚的表扬或是"怜悯的表扬")
- 表扬有意义的成功,而不是学生轻而易举就可以完成任务获得的成功。

27

学生对教师的反馈

对于学生们知道什么，学生理解什么，学生在哪里会犯错，学生什么时候会产生误解，学生什么时候没有参与课堂这些问题，如果教师可以进行研究或至少对学生们给予的反馈持开放的态度，那么教师教学和学生学习就会达到同步，变得更有成效。

（约翰·哈蒂，2009）[37]

除了我前面提出的由反思性对话而来的多角度反馈，教师们可以通过以下问题从学生那里了解到更全面的反馈：

- 什么有助于你学习到最多的内容？
- 什么有助于你在课堂上集中注意力？
- 今年你真正想取得什么样的进展？
- 你怎么知道什么时候取得了进展？
- 什么样的小组活动有助于你学习到最多的内容？
- 我能做些什么来帮助你学习到更多的内容？
- 你能做些什么来帮助自己学习到更多的内容？

教师收集回答中的有用信息，制定自己接下来的目标。然而，值得注意的是，学生们最开始的答案往往是肤浅的，所以继续探究后续的问题是很重要的，收集学生的反馈直到产生了丰富的数据，运用这些数据设计后续的学习目标。

下面有一个很好的例子。在很长时间的提问后，我教的 10 岁学生们告诉我，当我提出有困难的开放型问题时，他们能学到最多的内容。这一回答促使我创建了一个关于我的课程的开放式问题列表（类似列表见第129—134 页）。在用了几次这个列表之后，我的学生们问他们是否可以有一份副本，这样他们就可以用它来改进自己的提问技巧。这是他们当年取得出色进展的关键因素之一。

录像和电脑反馈

虽然我没有任何数据支持,但是证据显示:学生们似乎很信任电脑给出的反馈,并给出积极的回应。电脑对某项特定任务的负面反馈——"不,这是错误的解决方案!"——被认为只是对当前表现的反馈,而不是对学生或是学习者个人的反馈。相比之下,许多学生把来自成年人的负面反馈看作是对他们个人的批评。

使用录像证据来回顾表现和行为是特别生动和有力的反馈形式。这种反馈方式经常被用于教师培训,也越来越多地被用于回顾学生一天的学习情况。录像证据可以让学习者反思,诸如他们的学习质量、注意力的质量、对他人的支持情况,并公开谈论提高的方法。

关于反馈的十大重要事实

29

1. 首先要了解明确和具体的目标

在任务开始时,通过统一学习意图、成功标准和/或预览基准目标来确定目标。目标就是制定好的内容,不考虑学生们表现的其他特征。像"好"或"做得好"这样的评语要少使用,除非它们和特定目标联系在一起。

2. 鼓励学生考虑他们与学习目标之间的距离

一个目标之所以可以作为一个"学习目标",是因为它超越了学生当时能做的或能理解的事情。学生们应该能够接受在第一次尝试时没有达到目标这一常见现象,这甚至会是他们学习中必不可少的部分。

3. 避免进行对进步没有用的比较

把一个学生的成就与另一个学生的进行比较，这样做并不能给双方提供有助于进步的信息。对于学生来说最有用的比较信息来自把他们现在的表现和过去的表现进行比较。

4. 确保反馈是形成性反馈

区分反馈和表扬的一个重要因素是促进发展的意图。所以反馈要确定学生已经达成的情况，影响他们实现学习目标的原因，在进一步的改进中可以做什么。

5. 确保反馈及时

当学生们仍然能够对自己在任务中做出的决定进行反思时，反馈最有效。一旦学生们忘记了他们在做什么，为什么要这么做，那么反馈就失去了作用。

6. 关注进步而不是能力

表扬能力和智力会导致害怕失败和个性敏感（卡罗尔·德韦克）[38]，所以在反馈时只要关注学习的进步情况。

7. 不回避考试，但是要在合适的时间考试并且用它们促进发展

根据马扎诺等人的研究，在学习情境后一天考试会取得最有用的效果。[39] 保罗·布莱克教授等人则建议在初次学习一周之后进行测试效果最

佳。[40] 无论如何,在开始一个新课程之前,对学生前一个课程的学习情况进行测试,使用测试数据来制定接下来的学习目标是使用测试的最佳方式。

8. 当对测试进行评分时,不要使用分数或等级

30

使用分数或是等级进行评分会对学习产生消极影响,因为学生会忽视附带的评语(布莱克和威廉)[41]。所以我们使用和进步后续目标相关的评语作为替代。

9. 把自己当作"教练"而不是"裁判"

正如我们所知道的那样,裁判的任务是维护比赛规则。而教练则应该通过支持、鼓励、示范、拓展、挑战、激励,使运动员取得最佳表现。在提供反馈时,把自己想象成一个"教练"。

10. 教学生如何给出和接受高质量的反馈,并且采取相应行动

一旦向学生们展示了如何进行自我监控,他们就可以有效地监控自己和同伴的进步情况。这对学习至关重要。尤其是考虑到学生们收到的大部分反馈是来自同伴的。创造学生可以发展自我调节和错误检测技能的学习环境,这样在学习过程中反馈的意义会得到进一步的加强。

第三章　勤奋

> 优越的人不勤奋，平凡的人勤奋，后者会获得更多成就。
>
> ［格拉西安-莫拉莱斯，《智慧书》(*The Art of Worldly Wisdom*)的作者］

勤奋的关键点

定义

当学生集中注意力在学习上并坚持付出努力时，他们就能做到勤奋。他们在学习目标上的勤奋程度通常取决于他们赋予目标的价值乘以他们对实现目标的期望水平。

重要性

勤奋学习是决定一个学生取得多大进步的关键因素之一。想想那些才能平凡的人，他们通过勤奋和信念获得了精彩的人生：

- 温斯顿·丘吉尔在带领英国取得第二次世界大战胜利之前，曾两次没能通过皇家军事学院的入学考试。
- 华特·迪士尼(Walt Disney)因缺乏想象力被报社开除。
- 诺玛·简·贝克(Norma Jean Baker)在把自己重塑成玛丽莲·梦露(Marilyn Monroe)之前，曾被蓝皮书模特经纪公司的主管建议最好去学习秘书的工作或是直接结婚。

意识到

不要想当然地认为某个学生有或没有勤奋学习的能力。勤奋更可能是动机和信念的结果，而不是遗传的结果。

勤奋

根据威格菲尔德（Wigfield）和埃克尔斯（Eccles）的期望—价值理论研究（2000）（见图 3.1），学生对任务的勤奋程度取决于他们对目标价值的评估乘以他们对实现目标的期望程度。[42]

"乘以"这个术语在这里很重要，如果价值是零，那么无论期望的分数有多高，勤奋也是零。相同地，如果期望是零，即使价值很高，勤奋也是零。

参考威格菲尔德和埃克尔斯的"有关成就动机的期望—价值理论"[43]。

图 3.1 勤奋＝价值×期望

重视学习目标

你的学生有多重视那些为他们设定的学习目标？你宣传"学习对我有什么好处"的频率是怎样的？

除了说服和说明课程的实际作用，讨论当下的问题会使课程更活泼，我发现以下四种方法（在本章有更详细的讨论）可以有效地提高学生重视学习的程度：

- 将课程视为学会如何学习的基础；
- 借助态度—技能—知识模式发展整体教育；
- 采用（预）复习策略提升主人翁意识和意义感；
- 培养"成长型"的思维。

我们现在接受了学习是一个让人跟上变化的终身过程。最紧迫的任务是教人们如何学习。

［彼得·德鲁克（Peter Drucker），1909—2005，
被《商业周刊》称为"管理学之父"］[44]

学会如何学习

我相信我到这里是为了帮助你成为最优秀的学习者。

这就是我向所有教过的学生解释过的内容。这也是我这本书的核心理念。我还认为这个信念有助于提高学生心中学习的价值。因为如果我能说服他们教育的关键目标之一是学会如何学习，那么有时他们应该也会愿意学习一些本不想学习的内容。

当然，我意识到教育不仅仅是学会如何学习。和谐的学习活动应该包括获取知识、技能和态度，每个部分都发挥自己的作用。为了学会如何学习，一个人必须学习一些东西，这些东西最好是有价值的，不是琐碎的甚至是有害的。但问题是如果我们过度关注知识的学习，过多地帮助孩子获得知识（以便他们可以顺利通过考试），过少关注技能和态度的学习，那么就会导致学生无法学会如何学习，而不是促进了学生的能力。

通过重新聚焦，我们仍然可以教授我们重视的知识，同时让学生们在相应活动中学会学习。例如，提问相关的问题，坚持挑战活动，忍受暂时的挫折，进行系统的思考，推测替代方案（例如，解决问题或解释历史的方法）和跟踪结果（即应用不同的替代方案）。作为拓展他们知识计划的一部分，我们还应该与他们一起探索所有主题背后的基本概念，例如证据、原因、真

理、美、实验、解释、事实等。

态度—技能—知识模型

态度	技能	知识
■ 好奇心	■ 智力	■ 想要知道什么
■ 渴望成功	■ 社交	■ 需要知道什么
■ 参与度	■ 沟通	■ 概念
■ 思想开放	■ 身体	■ 实践
■ 弹性	■ 专项	
■ 自我调节		

如果我们能够放慢课程的进度，更加注重态度、技能和概念，那么我们就可以加快学生学习课程的速度，因为学习新主题的先决条件已经到位。他们可以自己做很多事情性的学习。

所以学会如何学习是什么意思？

出众的学习者有着积极的态度，在学习的许多方面都很熟练，有良好的常识和概念理解，能够找到和评估信息。因此，要成长为专家型的学习者，学生需要发展至少以下三个领域：

- 态度——学习的积极态度，包括好奇心和毅力。
- 技能——在获得理解、参与对话和在任何特定领域取得出色表现的过程中所必需的能力。
- 知识——熟悉一个特定领域的信息、概念、理论和实践。

为了帮助我的学生们在这些领域成长，我开发了态度—技能—知识模型，图解说明是三角形形状的（见图 3.2）。我自己也把它用作计划、评价

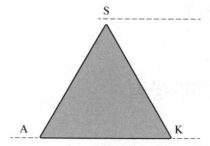

图 3.2   态度—技能—知识（ASK）模型

和最近反馈的工具。这些功能都可以在图 3.2 和图 3.5 中被发现，同伴评价的模板在第 24—26 页。

35   ## 对态度—技能—知识模型的概述

为了成为成功的学习者，学生们需要培养正念、勤奋和好奇心等态度；发展推理、探究和协作等思维技能；并能够吸收和应用日益增长的知识储备。要了解我是如何对每个领域进行分解的，请查看书中相应章节，其中"态度"在第 36—40 页，"技能"在第 41 页，"知识"在第 41—42 页。

写出与自我有关的态度

答案样例

7 岁儿童的例子

努力做到最好

愿意接受帮助

注意力集中有困难

愿意一试

不放弃

不担心犯错

提问

11 岁儿童的例子

总是很努力
愿意接受建议
仔细思考
愿意尝试新事物
从不言败的态度
从错误中学习
保持好奇心

14 岁儿童的例子

坚持
愿意接受支持和指导
专注于相关的事情
愿意体验新的经历
有弹性
把错误看作是有用的反馈
有探索精神和好奇心

成为真正有才能的人的核心是能意识到任何成就都伴随固有的困难，相信通过坚持和耐心，有价值的事情一定会实现。因此，人才是充满活力的。

[埃里克·霍弗（Eric Hoffer），1902—1983，美国码头工人和哲学家]

想象一下教 30 名重视学习的学生和教 15 名不重视学习的学生两者之间的区别。或者比较一个容易放弃的孩子与一个坚持并能战胜挑战的孩子可能取得的进步。态度似乎在教育的结果中起着重要作用。

许多人认为遗传天性和教养的结合将决定学生重视学习的程度。他们认为我们只能接受或反对遗传的内容。与此相反，我相信我们可以通过示范、阐明和鼓励（model, articulate, and encourage）已知会激励学生学习的态度来改变遗传。

当然说起来容易，做起来难。因为达成哪种态度是"正确的"的共识，本身就是一个挑战。如果你想要寻找灵感，我强烈推荐亚瑟·科斯塔的《思维习惯》[45]，以及盖伊·克拉克斯顿（Guy Clarkston）的《构建学习力》（*Building Learning Power*）[46]。

然而我最喜欢的方法是从学生那里汲取想法。为此，我会请他们思考以下问题：

- 思考你已经达成的目标，例如，学习骑自行车、背诵时间表、演奏乐器、写诗、在新学校交朋友。
- 什么样的态度帮助你达成了这些目标？

来自不同年龄段学生的样本答案已在前文中进行了展示。在第 49 页还有一些引用的参考内容，可以帮助你的学生们对学习和生活中的积极态度产生更多的认识。

记录下学生们提到的答案，并将答案转化为有目的的陈述（下面是对这个想法的进一步探索）。

班级的态度，而不是规则

一旦讨论到关于个人学习的态度，就值得要求学生增加有关社会互动的态度——例如，尊重发表意见或保持沉默的权利，思想开放和包容等。然后，一系列内容可以变成一系列班级态度。

例如，使用来自 11 岁儿童的思考。

11 岁儿童的回答样例 37

总是很努力

愿意接受建议

仔细思考

愿意尝试新事物

从不言败的态度

从错误中学习

保持专注

思想开放

相应有目的的陈述

我们总是很努力

我们愿意接受建议，互相提供支持

我们对研究进行仔细的思考

我们愿意尝试新事物

我们很顽强（拥有"永不言败"的态度）

我们把错误当作学习的机会

我们在学习过程中集中精力并保持专注

我们愿意接受新的想法和不同的意见

值得注意的是，参与制定系列班级态度，定期修正它们，并评论它们的使用情况，减少使用班级规则，这本身是一件好事，因为：

38

图 3.3 无论你做什么，不要碰那台电脑！

- 规则往往会起到相反的作用。例如,如果老师警告她的班级"请不要在我出去的时候制造混乱,无论你做什么,都不要碰那台电脑",那么学生们想做的第一件事是什么呢?
- 心理研究和常识表明,达到想要的结果的动机往往比遵守禁止规则的意愿更强。

阐明、示范和鼓励态度

仅仅在课堂上展示你决定要培养的态度是不够的。如果这样就是全部,那么每一个贴上有完美规定的海报的学校(例如,团队:每一个在一起的人都能获得更多成就,等等),都会拥有具有完美态度的完美学生。

所以为了有更好的机会获得你想要的态度,我建议采取以下行动:

39

1. 使用第 36—37 页上的方法,确定你希望关注的态度。
2. 在墙上展示这些态度,并和你的学生谈论它们的意义。从直接的定义开始到详细的阐述:

- 学生们制作海报来说明每一种态度;
- 确定每种态度的关键榜样[例如,坚韧可以用温斯顿·丘吉尔或艾伦·麦克阿瑟(Ellen MacArthur)来代表];
- 通过故事、诗歌、艺术或哲学探究来探索每种态度。

3. 明确地示范每一种态度,这样你的学生就能清楚地知道你是如何使用每一种态度来实现你的(学习)目标,以及使用的时机。
4. 利用学习态度出现的每一次机会来提醒你的学生记住它们。例如,当他们的任务受阻时,提醒他们这是一次练习毅力的机会。
5. 使用态度—技能—知识模型,将每种态度作为你学习意图的一部分开展教学。

大多数学生需要学习的技能都被写在了各国的国家课程中。然而,在前文中,我概述了我认为学生成为熟练学习者所需要的技能。下面的分类表格是关于"有能力的学习者"的构想,你可以和同事分享和讨论。

表 3.1 技能的分类

技能				
技能是在任何特定领域获得理解、参与对话、取得出色表现等过程中所必需的能力。儿童(和成人)通过社交互动和他们生活的社会、文化、教育环境来发展他们的能力。				
一般技能			具体技能	
智力	社交	沟通	身体	专项
包括识别、建模和改变关系或概念;理解相关性;得出结论;比较和对比;提出相关问题;和假设的能力	包括建立融洽关系;尊重他人观点;在特定情况下采取合适的行为;自我调节;独立工作和团队协作;鼓励他人	包括理解和被理解;倾听和适当地回应他人;有说服力地交谈,礼貌地提出要求;关注说话者;阅读肢体语言	包括以下活动所需身体协调能力,如:书法;操纵物体展现想法;抓住和投掷物品;跳舞;表演戏剧;骑自行车;艺术创作;做运动	包括我们需要的特定的能力,比如使用地图和指南针、卷尺或胶带、油漆刷、运动设备、体重秤、电脑鼠标;驾驶汽车

图 3.4 阿迈勒(Amal)能走出来培养自己的态度、技能和知识吗?

在第 77 页开始的"思考"章节中会有更多关于技能的讨论。

在要掌握的技能中我提出了社交技能,尽管很多人会说与他人相处更

40

多的是态度而不是技能,但我不确定是否如此。我认为态度和技能都会影响行为。例如,一个孩子可能天性友好,但是不具备交朋友的能力;当然情况也可能正相反;这个孩子可能非常清楚如何交朋友,但他并不愿意这样做。

因此,一门关于如何与他人建立融洽的关系,或如何与他人开启对话的课程,可以让许多尚未学习的学生发展出非常重要的生活技能。

41 使用态度—技能—知识模型进行教学

每节课都计划包含态度、技能和知识三个领域中的两个领域,确保经过一周或一学期的课程,态度—技能—知识相关的目标保持平衡,从而确保以系统的方式达成整体学习的目标。

例如,参考图 3.5,下面的示例给出了系列课程相应的课程意图。

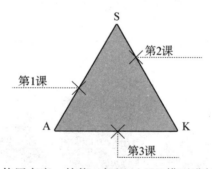

图 3.5　使用态度—技能—知识(ASK)模型进行教学

第 1 课:平衡态度和技能

课程意图:通过提出至少 9 个关于维京人生活方式的问题(技能:提出相关问题)来锻炼我们的好奇心(态度:好奇心)。

第 2 课(或第 2 部分):优先考虑技能,知识作为次要目标

课程意图:决定哪一个关于维京人的问题与我们的主题最相关(技能:按价值排序),并能帮助我们对其生活方式有更深入的了解(知识:维京人的生活方式)。

第 3 课:平衡知识和态度

课程意图:坚持(态度:坚持)为我们上次发现的 3 个关于维京人的重要问题寻找答案(知识:具体答案)。

注意"课程"是通过每节课进行教授的。此外,注意图上第 2 课的标记是故意偏离中心的,表示在这种情况下,优先考虑技能。因此,在一周或一学期的学习结束后,在三角形周围应该会有一个很好的交叉分布。

知识

假定世界上的每门课程都有确定要教给学生的学科知识。使用"预习"课程是增加学生课程参与感、提高学习动机的有效方法。

当我教小学生时,我们会在每周五下午(预)复习课程(因为这一课程包括预习和复习两部分)。

在中学,我们会在每节课结束后花 5—10 分钟,然后在每单元结束后花一节课的时间来预习接下来的任务。在我作为老师时所使用的所有策略中,(预)复习策略肯定是最重要的策略之一。

42

复习和预习

复习

第一部分涉及使用态度—技能—知识模型复习已经学过的内容。例如：

- **态度：**学生们确定那周中帮助他们实现目标的价值观，并给出理由。
- **技能：**学生们向全班或互相展示他们那周中所用到的技能。
- **知识：**在小组中，学生们根据我们一周学习或本单元内容所涵盖的信息写出 5 个问题。然后把每组所写的 5 个问题用于每周测试。那些提出了其他小组无法回答的困难问题的小组将获得额外的分数。

预习

在复习了我们的学习成果之后，我们将通过考虑态度—技能—知识模型中我们关注的内容来预习接下来一周或下一个单元要学习的内容。

- **态度和技能：**我们首先会根据所取得的进展进行讨论。然后学生们会为自己设定下一周的目标，例如，目标是提出相关问题或者在做决定前对选择进行思考。
- **知识：**我们将通过考虑每个即将到来的主题来预习下周的内容：
  ——关于这个主题，我们想知道什么？
  ——为了保证我们能够完全地理解这一主题，我们需要知道些什么？

举例来说，我会说我们将在下一周开始一个关于旅游的新话题，然后问学生们：（1）关于旅游，他们想知道什么；（2）他们认为在结束单元学习时应该知道旅游的哪些知识。然后我们在黑板上列出这些问题，将它们分成一个个任务单元（或课程计划），如果还有时间，就开始做一些初步的研究。

预习有很多好处，包括：

1. 学生和老师一起制定计划。当学生们学会了如何制定计划、开展评价、决定什么是重要的学习目标，他们同时也找到了学习的主人翁意识和动机。

2. 学生们做好了上课的准备。每次预习一个课程或一个主题时，我总是让我的学生们做一些预备研究。这样有助于他们深入思考自己的问题和评论，为下节课做好准备。最开始，只有那些热衷于学习的学生才能抓住这样的机会。经过一段时间后，所有学生都会意识到预习带来的进步，并加入其中。

3. 父母也参与其中。父母和祖父母对于我开展预习活动的感谢是数不胜数的。因为这样的活动可以让他们知道如何帮助自己的孩子，尤其是当他们的孩子很着急地跑回家想要在蜘蛛栖息地的研究上寻求帮助时，或者想要知道爷爷是否了解蜘蛛栖息地的知识时（有关蜘蛛栖息地的内容见第 43—44 页）。

4. 教师们更有能力挑战和区分学生们当前的水平。通过了解学生们已经知道的内容和想要知道的内容，教师们就有更多的数据来计划和准备新的课程。

5. 有更多进行挑战的时间。正如下图计算结果显示的那样，学生上课的时间约占清醒时间的 20％。所以为即将到来的课程进行准备的时间不占用学校里的时间，总的学习时长就增加了。这样课上也有更多的时间用于让学生们进入"学习坑"（具体内容见第七章）。

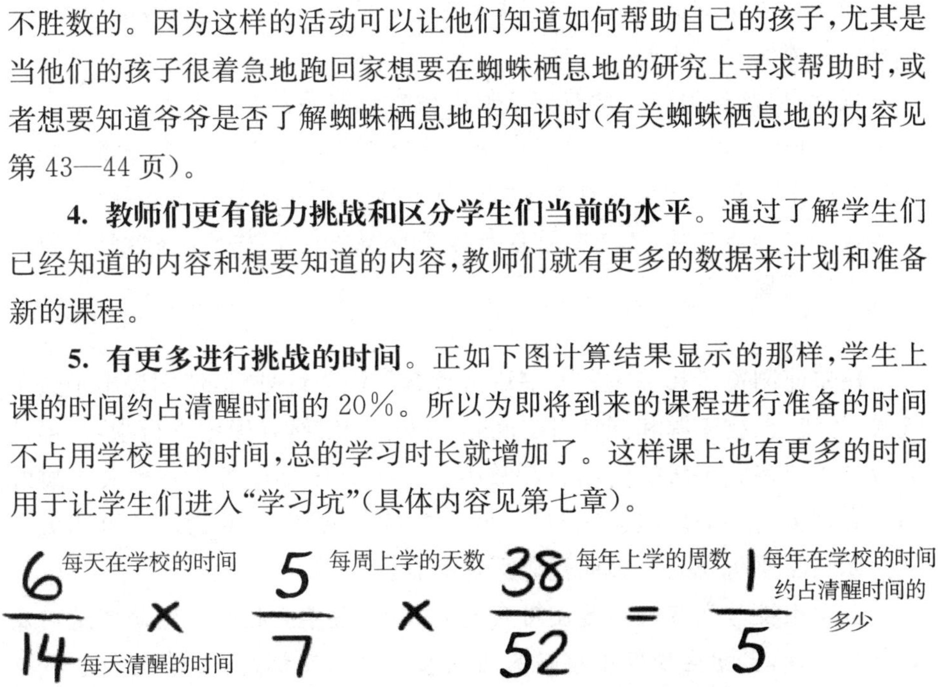

$$\frac{6}{14} \times \frac{5}{7} \times \frac{38}{52} = \frac{1}{5}$$

每天在学校的时间 / 每天清醒的时间　每周上学的天数　每年上学的周数　每年在学校的时间约占清醒时间的多少

图 3.6　通过计算显示一年中在学校的时间约占清醒时间的多少

蜘蛛和它们的栖息地

我经常分享的一个关于预习的故事来自一群 8—9 岁的学生,他们预习"栖息地"这一新主题。接下来的事情是这样的:

44

我:有没有人知道什么是栖息地?

学生 1:是一个家具店。

我:好的,非常好,但是为什么你认为一个家具店应该被称为"栖息地"?

接着我们讨论了家具、家以及我们居住的地方。

我:那么现在我们有了一些关于栖息地的想法。让我们想一种生物,我们来研究它的栖息地。

在经历了各种各样的选择之后,考虑了老鼠和蛇后,我们最终确定了"蜘蛛"作为研究对象。

我:我们想知道关于蜘蛛和它们的栖息地的哪些知识?

孩子们:它们有几个家? 它们的网是它们的家吗? 它们会经常移动巢穴吗? 一个栖息地里生活着多少只蜘蛛? 为什么人们会害怕蜘蛛?

我:好的,非常棒,为了尽可能地了解蜘蛛和它们的栖息地,我们需要回答哪些问题呢?

在快速浏览了相关主题的书籍和查看了任务计划后,他们提出了关于气候、环境、食物来源和捕食者的问题。孩子们继续在家中进行预习,第二天带来了很多关于蜘蛛的信息和故事。一个男孩甚至讲了一个关于蜘蛛的非常好笑的笑话。但遗憾的是,因为内容太粗鲁了,不能在这里印成文字。你只需要听我的关键词就能听到笑点。

当学生投入学习而不是使用表现策略时,当学生接受反馈而不是对反馈打折扣时,当学生瞄准困难而不是追求简单的目标时,当学生和学科标准进行比较而不是和其他同学进行比较时,当学生学习效率高而不是学习效率低下时,当学生在学习时能进行自我调节和自我控制而不是经历习得性无助时,学生的学习成就就会有所提升。学生在学习上投资的意愿、想要获得学习者荣誉的意愿以及对经验的开放性都会影响学生的成就。

(约翰·哈蒂,2009)[47]

卡罗尔·德韦克的固定型思维和成长型思维理论

45

　　影响学生勤奋程度的一个重要因素是他们对智力持有的信念。卡罗尔·德韦克的研究表明,我们都会对智力、能力和个性等概念持有自己的信念,其中一半的人以"固定的"理论来看智力,另一半的人以"增长的"理论来看智力。德韦克把这些理论称为"思维",并声称人们所采用的特定思维会显著影响他们在学习中的勤奋程度和所取得的成功。

　　我们中持有**"固定型思维"**的人相信固有的、天生的能力决定了我们的成功水平。我们喜欢成功,即使是只需要付出很少努力就可以获得的成功,我们尽力避免挫折和挑战。

　　我们中持有**"成长型思维"**的人相信努力、勤奋、学习技能等因素有助于更准确地预测我们的成功水平。我们也喜欢成功,但只有在通过努力实现了我们认为是有意义的成功时。

　　这种思维方式上的差异导致了勤奋程度的不同:有固定型思维的学生会在成功机会高的时候勤奋努力,尽力避免任何重大的挑战;而持有成长型思维的学生也会喜欢新的有很大挑战性的学习机会。

　　在接下来的几页中,我们会更加深入地探索这个思维理论。如果你想了解更多信息,推荐卡罗尔·德韦克的一些著作:《自我理论》(*Self-theories*)[48] 和《思维模式》(*Mindset*)[49]。

固定型思维

信念

- 智力和能力是固定的。
- 智力和能力是天生的。
- 对一些事情，我天生有能力完成；对另一些事情，我天生没有能力完成。
- 我总是擅长一些事情，例如数学；但是不擅长另一些事情，例如艺术。

优先级

- 证明自己。
- 获得成功，尤其是只需要付出很少努力就能取得成功，这证明我很聪明和/或很有能力。
- 避免任何形式的失败，失败证明了我的能力水平低。

对挑战性学习的态度

- 应该尽量避免挑战。
- 遇到困难意味着我没有自己想象中那么聪明。
- 失败证明我很愚蠢或是没有能力。

在这些情境下，我会更勤奋

46

- 一个展示自己优势的机会。
- 每件事情都能完成得很好的机会。
- 失败风险很小的情况。

对挑战的回应

- 责怪自己，或是为了保护自己责怪他人。
- 感到自己低人一等或是没有能力。
- 试着猜测答案或者照抄别人的答案。
- 发现影响自尊发展的干扰因素。

名言警句

- 这件事你要么擅长，要么不擅长。
- 如果你真的擅长某件事，那么你不应该需要尝试（才能做好）。
- 如果你需要尝试（才能做好），你一定很愚蠢。
- 不要全力以赴，这样如果事情出错了，你就有借口了。
- 没有努力，没有痛苦！

成长型思维

信念

- 智力和能力可以增长。
- 智力和能力可以后天培养。
- 如果我更勤奋，寻求帮助、冒险、改变策略，那么我就有很好的机会去学习任何事情，这样我的智力和才能就会得到增长。

优先级

- 提升自己
- 通过挑战的形式学习，这会帮助我们发展自己的才能。
- 寻找打开我的眼界、有助于我的学习的有趣的挑战。

对挑战性学习的态度

- 挑战有助于我们学习。
- 遇到困难是学习过程中不可避免的一部分。
- 失败意味着我需要挑战自己的策略。

在这些情境下,我会更勤奋

47

- 一个学习新观点和技巧的机会。
- 有足够多的挑战能开拓我眼界的机会。
- 尝试新事物的机会。

对挑战的回应

- 没有责怪——我只想知道下一次如何做得更好。
- 在尝试中受到了鼓舞。
- 尝试了各种各样的问题解决策略。
- 寻求建议、支持和其他策略。

名言警句

- 成功来自勤奋。
- 无论你多擅长某件事,你仍然有进步的空间。
- 如果你去尝试了,你一定会有所得。
- 总是全力以赴,这样你就更有机会取得更多成功。
- 没有努力,没有收获!

思维的挑战

我们需要在自己、同事和每一个学生身上培养成长型思维。相比历史上的任何时期，世界正发生着巨大的变化，我们有更多的知识、更多的专业以及在沟通和社交网络上有更多的选择。如果没有成长型的思维，许多年轻人将面临落后的风险。"接受过教育的人是学会如何学习并让自己有所改变的人。"

（卡尔·罗杰斯）[50]

如果我们希望从今天开始所有的学生都能勤奋，那么我们的课程就需要设计不同程度的挑战，特别是对于固定型思维的学生们，低水平的挑战能给他们更多激励。

令人感到矛盾的是思维和学生在学校的表现之间往往缺乏联系，有固定型思维模式的学生几乎和有成长型思维的学生表现得一样好。几乎可以肯定这与学校缺乏真正的挑战有关，特别是对于所谓的"有天赋"的学生来说，他们往往不需要全力以赴和冒险就能获得很高的分数。这些学生思维模式的问题只有到了大学或是工作场合当他们遇到困难，可能是第一次遇到时，才会真正显现。

你可能会认为技巧熟练的学生会是那些喜欢挑战，并且遇到挫折会坚持不懈的人。然而事实正相反，这些学生中的许多人是最害怕失败的，也最有可能质疑自己的能力，一遇到挫折就会退缩。

（卡罗尔·德韦克，2000）[51]

关于思维的要点

48

尼科尔斯（Nicholls）和米勒（Miller）[52] 发现就如何区分能力和努力的问题，孩子们大致可以分成四个相对不同的推理水平。

水平 1(5—6 岁时表现明显)

无法区分因果关系和努力、能力、表现之间的关系。

水平 2(7—9 岁时表现明显)

把努力看作是影响表现结果的基础，但在他们的思维中仍然无法区分努力和能力。

水平 3(9—12 岁时表现明显)

开始对努力和能力做区分，认为它们都是影响表现结果的因素，但并不经常做这样的区分。

水平 4(10—13 岁时表现明显)

能够清楚地认识到，尽管成功需要很大的努力，但是一个人的能力限制了额外的努力对表现的影响。

固定型思维和成长型思维人群占比

根据德韦克的研究，人群中大约有一半的人是固定型思维，另一半的人是成长型思维。大约有 15％的人会存在两种思维模式，例如有人认为数学能力是固定的，但相信游泳能力是可以"提高"的。

思维：前进的道路

在学生身上培养成长型思维能力，从而让他们有能力成为终身学习者，前面提到的应该怎样做的所有建议如下：

- 课程中对态度、技能和知识的发展同等重视；
- 设置学习内容相关的目标，使学生必须通过学习取得进展来实现这些目标；

- 逐步增加我们给学生创设的调整数量，但在他们踌躇时提供支持；
- 确保反馈确认了取得的进步，并提出了下一步如何做的建议；
- 培养每位学生的才能，而不是寻找他们身上的"天赋"和"缺陷"；
- 正确使用表扬（第 100—107 页）；
- 以身作则示范成长型思维的行为。

和勤奋相关的名言

49

完成任何有价值的事情的三大要素是：第一，努力工作；第二，坚持不懈；第三，具备常识。

[托马斯·爱迪生（Thomas Edison），1847—1931]

你认为自己太渺小无法改变什么吗？那你显然从没有和一只蚊子共处一室过。

（非洲谚语）

我们最深的恐惧不是我们能力不足，而是我们的力量超乎想象。是光明而非黑暗，使我们惴惴不安。扪心自问，那睿智、光彩、才华横溢、出名的人可以是我吗？为什么不是你呢？

[玛丽安·威廉姆森（Marianne Williamson），1975]

伟大的运动是压力下的反应。其他的事情都只能是练习。

（佚名）

并不是因为我聪明，而是因为我和问题在一起的时间长。

（阿尔伯特·爱因斯坦，1879—1955）

在你沉迷于华丽的小玩意和迷人的视频展示之前，我必须提醒你：信息不是知识，知识不是智慧，智慧也不是远见。它们彼此很相似，我们需要以上全部。

[亚瑟·查尔斯·克拉克（Arthur C. Clarke），1917—2008]

在勇敢、坚定的精神的激励下，少数人通过努力、勤奋和毅力获得奇迹和力量。

[马克·吐温(Mark Twain),1835—1910]

关于勤奋的十大重要事实

1. 使用多种策略提高学生学习意愿

学生们的勤奋程度是由他们赋予学习目标的价值乘以他们对实现目标的期望水平所决定的。如果学习意愿是零，那么他们的勤奋程度也是零。

2. 通过课程来学会如何学习

面对快速变化的世界，有一件事情是肯定的：事物是变化的。所以课程中的某些部分看起来无关紧要，但它们仍然对学会如何学习有价值。

3. 确认和学习内容相关的目标

"当学生投入学习而不是使用表现策略时，当学生接受反馈而不是对反馈打折扣时，当学生瞄准困难而不是追求简单的目标时……学生的学习成就就会有所提升。"（约翰·哈蒂，2009）[53]

4. 像教授技能、知识那样教授态度

杰出的学习者有积极的学习态度，在学习的各个方面都表现得很好，能够获得他们完成任务所需的信息。因此，成为一个专业的学习者，学生在态度、技能和知识这三个领域都需要发展。

5. 对学习内容进行预习

对主题进行预习有助于教师掌握学生的先备知识以及他们的兴趣水平。同时，预习也允许学生们利用自己的时间进行准备，从而增加他们在接下来的课程中有意学习的可能性。

6. 对学习内容中的态度、技能、知识进行复习

扩大奖励和表扬的标准，标准包括学生发展出各种学习态度，如开放的心态、好奇心、毅力、有意愿尝试新策略；学生发展出各种能力并能掌握，例如学会推理、支持他人、提高各种学习的技能。

7. 鼓励开放的学习态度和冒险精神

"学生在学习上投资的意愿、想要获得学习者荣誉的意愿以及对经验的开放性都会影响学生的成就。"（约翰·哈蒂，2009）[54]

8. 培养每一位学生的才能

德韦克的固定型思维和成长型思维理论[55]认为每位学生，不仅仅是少数有才能的学生，都可以通过勤奋、使用策略、勇于冒险发展自己的智力和才能。

9. 创造丰富的反馈文化

能够帮助学生更好地理解学习目标、知道他们和学习目标之间的距离以及接下来需要做什么的反馈，能对学习进步和取得成功产生重要作用。

10. 示范成长型思维模式

如果教师可以示范成长型思维相关的行为，如坚持不懈、接受出错、勇于冒险、设定自己和学习相关的目标，那么建议就会更实际。

第四章　挑战

> "我们需要更多的挑战以及更少的指导，因为从挑战中我们能够获得身体、头脑和精神上的成长。"
>
> （马修·李普曼，1991）[56]

挑战："统治一切的戒指"

"挑战"的概念是本书的核心。挑战对反馈、勤奋、思考、自尊的发展起到支持作用。

挑战和反馈

挑战越大，学生们寻求和需要反馈的可能性就越高。挑战已经被证明会对学生的学习和成就产生重要影响。

挑战和勤奋

如果学生拥有成长型的思维，他们就会倾向于喜欢那些具有挑战性的任务。反过来说，挑战是关键因素，如果随着时间的推移逐渐增加挑战，将帮助那些有固定型思维的人发展出成长型思维，从而对有意义的学习产生更大的渴望。

52

挑战和思考

正如下一章中我会讨论到的，当学生遭遇挑战时，他们会进行更多的思考，使用更多的推理、探究和创造力来努力寻求更好的问题的答案。在这种情况下，挑战是避免肤浅思考的先决条件。

挑战和自尊

最后，正如我在关于 FACTS 理论的最后一章里讨论到的，自尊是一种平衡的状态，是指学生认为自己可以取得成功的同时也认为自己有可以解决问题的能力。在这种情况下，挑战是发展有意义自尊的重要条件。

什么是挑战

挑战创造有更多要求和刺激的情境，用来鼓励学生学习比原来更多的东西。

参考图 4.1，进行详细说明：

图 4.1　挑战的定义

我们举例来说,当 3 岁的苏珊(Susan)集中注意力时,她能自信地骑三轮车。这是她当前的能力,我们用图中间的线来代表这一能力。最终,骑三轮车对于苏珊会是一个几乎自动化的行为,因为她不再需要在踩踏板和控制方向上集中注意力。这是她潜意识的能力,用图中最下面的线来表示。所以现在苏珊骑车时,她正在练习区域,因为她在巩固已有的技能(骑车的能力)而不是学习新的内容。

一旦苏珊具备了骑三轮车的能力,她就做好了发展至骑两轮自行车的准备。这时图上最上面的线条就有意义了。这条线代表了苏珊在支持和鼓励下可以做到的能力上限。在图中,我用这条线代表她的潜在能力,意味着在鼓励下她可以骑两轮自行车。现在每当苏珊尝试这个新的活动时,她就在学习区域了。

我选择骑自行车作为例子是为了引起大家对学习区域特征的注意:摇晃的,感觉不确定的,甚至会怀疑自己是否会成功。这不仅是孩子在学习骑自行车时会发生的事情,也反映了其他类型的学习的典型情况。当然,大部分的学习活动并不涉及字面上的摆动,但确确实实会涉及认知的摆动。提问一个门外汉,他会把这种情况称为"走出了他的舒适区",并且提到类似的特征:不确定性、不稳定性和摇摆不定。

在这种情况下,挑战主要是鼓励学生(和我们自己)进入学习区域。这些想法是建立在苏联心理学家利维·维果斯基之研究的基础上的(第58 页)。

教学目标模型

当然,有挑战就应该有支持。我们不能期望学生们自己在学习区域中活动,这样做会降低他们的自信心。但我们也不能期望学生们花大量的时间在练习区域,因为这样做会降低他们取得进步的速度。最佳的选择可能像图 4.2 展示的那样,在学习区域活动的时间和在练习区域活动的时间需要达到一个平衡。

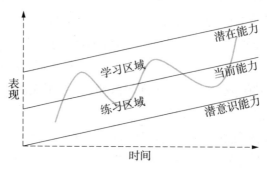

图 4.2　教学目标模型

　　我把这个内容叫作教学目标模型，因为它可以帮助我们确定应该把教学重点放在哪里。考虑以下课程情境：

■ 一些学生甚至在任务最初就开始苦苦挣扎。这种情况下任务要求可能超过了他们的潜在能力，进入到了"非常困难区域"。因此他们需要一些支持，帮助他们回到学习区域。
■ 你的学生们在任务最初表现得很好，但是遇到了一些问题，使他们无法完成任务。非常好！鼓励他们继续加油，表扬他们的决心，这种情况下他们极有可能是在学习区域。
■ 你的学生们很轻松地完成了任务。他们可能进入了练习区域，所以应该通过"脚手架"或"摇摆器"（第 59 页）鼓励他们进入学习区域。
■ 一小部分学生对任务感到厌烦（可能开始打扰别人），这强烈地表明他们在"非常简单区域"，需要更多挑战。

　　请注意使用教学目标模型最关键的要点是保持平衡。注意"进展螺旋"从练习区域开始，接着进入到学习区域，然后又回到练习区域。
　　这是经过深思熟虑的，课程通常应该在开始时与先前的理解相联系，通过设置挑战拓展理解，然后巩固新学到的态度、技能或知识。

教学目标模型的依据

教学目标模型有效的原因主要有以下两点。

1. 教学目标模型主要关注潜在的能力

利维·维果斯基、瑞文·费厄斯坦（Reuven Feuerstein）、卡罗尔·德韦克等著名教育理论学家都关注到了潜在能力相比当前能力有更重要的价值。

利维·维果斯基把他研究的重点放在孩子接下来能做什么上。他认为学习会促进认知发展。与此相反，让·皮亚杰（Jean Piaget）认为认知发展会影响学习。由于这些原因，维果斯基更关注儿童最近发展区的上限（更多内容请阅读第 58 页维果斯基的"最近发展区"理论）。

瑞文·费厄斯坦是卡尔·荣格（Carl Jung）和皮亚杰学生，他以学习潜能的重要性为基础，开发了"学习增进工具"（instrumental enrichment）课程。该课程的前提条件是智力不是由遗传决定且固定不变的，而是可以改变的。"学习增进工具"课程需要确定一个孩子有能力学习什么。在 BBC 的"变革"（Transformers）系列片中，费厄斯坦指出，世界各地的教育系统都更关注儿童现有的能力（教学目标模型中的当前能力），而不是支持关注他们能够具备的能力（教学目标模型中的潜在能力），这令他感到很沮丧。跟维果斯基一样，他对智商测试持反对的态度，并且试图寻找影响儿童实现潜能的重要障碍。

卡罗尔·德韦克的固定型思维和成长型思维的理论也支持更多关注潜在能力而非当前能力，相关的例子在第 45—47 页。

2. 教学目标模型挑战了我们对学习的理解

当学习遇到困难时就会发生"摇摆"。当我们对这个问题进行反思时，就会思考课堂活动是否激发了学生们的学习潜能。例如，多久我们会设置一个学生必须学习的新内容。

最近，我在中学观察了两节课，看到的内容让我感到很震惊。其中五年级的科学课研究的是水循环的主题，七年级的地理课研究的是河流主题。两节课上，教师们都使用了图表来介绍主题内容，并对蒸腾、蒸发、漫滩、支流等术语进行标记。学生都很专心投入，被要求在书上记录下教师展示的表格。老师们也在教室内四处走动，表扬表现良好的学生，支持艰苦努力的学生。两节课的结尾都对所学新知识进行了复习，先是同伴讨论，接着是全班一起回忆。从教学设计来说，这两节课都是"很好的课"。

虽然这两节课表面上看都吸引了学生的参与，但是我在思考课程中有哪些"摇摆"，大多数学生在学习的哪些区域。

我最关心的是那些轻松完成任务的学生们，因为对我来说，这表明他们没有艰苦努力，因此没有在学习区域（但也受到了赞扬）。

我意识到很多人会认为：当学生遇到新的信息时，他们就是在学习。然而，这个结论的问题在于，对许多学生来说，听、看和重复并不是一个很大的挑战。例如，每当我在睡觉前给3岁的女儿读图画书时，她经常会把书从我手中拿走，"读"给我听，即使这是她第一次看到这本书。当然，她使用词语时并不完美，但在一般情况下，她在记忆和重复新的信息时不需要费多大力气。那么，对于大多数10岁至12岁的学生来说，记忆和重复上述课程会有多大的挑战呢？在第56—57页，我将对可以做些什么来更多地挑战这些学生有更多的说明。

使用教学目标模型

教学目标模型需要保持学习区域和练习区域活动之间的平衡。但这并不容易实现。事实上，一个班有30名学生，他们的态度—技能—知识目标各不相同，可能无法达到完美的平衡。但这仍然是一个有价值的目标。

1. 联系

使用教学目标模型，在开始课程的时候要联系学生先前学习的课程，这样他们就开始在练习区域学习了。这本书后面的所有课程理念都是通过再认熟悉的关键概念来实现联系的。接着对他们已经知道的内容进行一个简短的说明，使用接下来的一些挑战技术鼓励你的学生进入他们的学习区域。

56

2. 确认

接下来需要关注学生的潜在能力。一个有用的经验法则是寻找学生开始失败的时候，然后让他们稍微放松一下。这与"温室培育"（hot housing）或推动学生实现你希望他们实现的目标，而无视孩子们在遇到困难时暴露的知识缺陷等消极观点形成对比。

使用这种放松策略的很好的例子来自新西兰马斯特顿 6 岁孩子的儿童哲学课程。他们选择的问题是："老奶奶把她的动物卖给了谁？"我通过一系列提问，鼓励他们关注"卖"这一概念。他们回答得相当好，直到我问："我可以卖给你一个主意吗？"这时，他们的脸上是迷茫的。然而我并没有放弃这种询问，在放松了一会儿后，我又问道："我可以卖给你一个笑话吗？"这使得他们的知识之间产生了联系，想让他们知道抽象的东西，如笑话、气味和梦想等也可以买卖。后来，孩子们的老师们说他们对学生有能力用反思的方式思考抽象想法印象深刻。

这说明使用教学目标模型，你可以通过确认和调整保证期望水平合适。这会对学生的成就产生重大影响。事实上，在 1968 年和 1992 年，罗森塔尔（Rosenthal）和雅格布森（Jacobson）的研究表明，如果老师提高对一些孩子的表现期望，那么这些孩子们确实会表现得更好。心理学家将这种现象描述为皮格马里翁效应（Pygmalion effect），即高期望可以通过产生自我实现的暗示从而对现实产生影响。[57]

3. 挑战

本书中的"挑战"有两层意思。第一个是学习中的摇摆器，第二个是作为学习中的脚手架。这两种功能都是为鼓励学生从练习区域进入学习区域（图 4.1 中有相应的箭头表示）。然而，它们实现的方式完全不同。

挑战是一种摆动

本章中到目前为止使用的例子都是关于创造认知摇摆机会的。你可以使用多种技术来实现使认知摇摆的目标，其中许多例子在第 59 页有说明。在第 56—57 页所描述的中学课程中，可以将以下制造摇摆的策略与重新绘制相关图表的实际活动结合使用。

五年级关于水循环的课程：可以向那些很容易就能完成在书中绘制图表的学生提问：整个过程的能量来自哪里？如果他们回答是"太阳"（因为这是他们通过老师的介绍所知道的），那么就给他们更有挑战性的问题：在北极圈最北，冬季的三个月时间是没有太阳的，为什么水循环仍然会发生呢？

七年级关于河流的课程：同样地，对那些正在重新绘制和标记"河流从源头到河口"图示的学生，可以问他们：建造房子的最佳地方在哪里？（提醒他们最平坦的地方，会有洪水，也是最潮湿的地方。）

挑战作为"脚手架"

虽然这个词通常被认为是由利维·维果斯基提出的，但杰罗姆·布鲁纳（Jerome Bruner）于 1976 年首次在文献中使用了"脚手架"一词，是指成年人在帮助孩子从当前成就进步到潜在的成就时可以提供的支持。在维果斯基的最近发展区理论中，"脚手架"也是一个有用的术语，最近发展区代表着以下两个位置之间的距离：孩子自己可以实现什么（图 4.1 中的当前能力），以及他们与其他人合作可以实现什么（图 4.1 中的潜在能力）。

当然还有许多其他类型的挑战，如果使用了它们，就可能不需要使用摇摆器或脚手架了。其他类型的挑战包括：

- 任务导向的挑战，例如完成数学试题。
- 社交能力挑战，帮助学生在遵守学校要求和具有创造精神之间找到平衡。

■ 学术挑战,例如:对考试成功的技巧或是一篇文字的结构进行教授和学习。

图 4.3 把它给我,我来帮你做!

4. 支持

58

影响练习区域和学习区域达到最佳平衡的两大阻碍是:

■ 教师总是企图把令人摇摆的内容移出课程,或是在学生遇到摇摆时想尽办法保护他们。
■ 学生在遇到困难时很容易就退缩了。

这两种情况都应该得到解决,这样更多的课程就会反映出图 4.2 中的进展螺旋,学生在开始时进入自己的练习区域,一段时间后移动进入他们的学习区域,然后回到练习区域巩固他们所学的新内容。

当然,要避免让学生超越潜在能力进行学习,因为这可能会导致拒绝参与和行为问题。当教师急于帮助学生跨越挑战时,也会发生上述的情况,所以也要避免。更好的方法是支持学生,这就足够了,这样他们就可以在自己的学习区域中参与任务了。

利维·维果斯基的"最近发展区"理论

利维·维果斯基是一位具有开创精神的苏联心理学家，他的观点受到了所有关心儿童智力发展人士的高度关注。

维果斯基是第一批批评智力测试和不赞同智力是"固定的"观点的人。他著名的最近发展区理论[59]就代表了另一种观点，与本书中的观点有类似之处。他对比了两种智力发展形式，他认为认知能力：

- 在特定时间会完全发展。
- 处于不断发展的过程中。

第二种发展形式依赖于儿童和成人、儿童和更有能力的儿童，或者儿童与文化产物如故事之间的合作互动。在合作中可能成长量被称为最近发展区。

在教学目标模型中，使用学习区域来代表最近发展区。正如本书中的解释，这里也正是"挑战"产生作用的地方。具有挑战精神的老师通常通过对话与孩子们一起探索，学习他们目前不一定能理解，但是可以在帮助下理解的内容。尽管他们需要努力奋斗，但奋斗会坚定他们的态度，发展他们的技能，使他们获得知识，他们可以应用所学的这些解决以后遇到的挑战。

维果斯基的理论也支持成长型思维（因为认知能力是可以被改变的），同时该理论也证明了在教授和学习中强调挑战是正确的。

挑战的类型

我建议你在课堂中可以使用以下三种类型的挑战，它们可以让你的学

生陷入小困难中,并从自己的奋斗中取得收获。它们是:

摇摆器

摇摆器相关技术旨在在学生的头脑中制造"认知冲突",这样大脑反而会进行更深层次的思考和更持续的学习。更多关于认知冲突的介绍在本书"思考"章节(第 77—96 页)。

脚手架

脚手架主要是一些开放的提问技巧,旨在延伸问题的同时支持学生的思考,它们和苏格拉底式的提问相类似(古希腊人苏格拉底以不断深入询问勇气、美好和幸福生活等基本概念而闻名)。

概念担架(Concept Stretchers)

这些技术旨在拓宽学生的理解、应用以及我们称之为概念的概括性思维。本书所展示的大部分课程计划中至少有一个概念担架练习。

在接下来的几页中,我整理了关于这三种类型的挑战的使用指南。它们绝不是唯一的使用方法,甚至可能也不是最好的使用方法。然而多年来它们不仅有助于我的工作,而且也构成了第八章的挑战性学习模式和课程计划(从第 127 页开始)。所以它们值得思考学习。

摇摆器

摇摆器旨在通过挑战学生最初的想法,让他们质疑自己的假设,并提供他们可能没有考虑过的其他观点,在学生的头脑中制造认知冲突。下面是一个例子:

60	教师：	什么是历史？
	亚当：	历史是过去发生的事情。
	教师：	所以你的早餐是历史吗？
	亚当：	是的。
	苏珊：	但我们不会去研究亚当早餐吃了什么，对吧？
	教师：	我们会不会研究它有什么影响呢？
	瑞切尔：	因为那是研究历史要做的事情——研究过去发生的事情。
	教师：	所以如果我们要研究亚当的早餐，那么我们就是在做历史研究，对吗？
	瑞切尔：	我想是的，但是我们为什么要去研究它呢？这也太无聊了。
	教师：	但我们会研究过去的文明中人类吃什么，不是吗？例如，罗马人在狂欢中会吃什么。
	塔斯：	是的，但是罗马人很重要。亚当并不重要。
	亚当：	我真想谢你！
	塔斯：	你应该知道我说的意思。罗马人对我们的生活有很大的影响，但是亚当对我们的生活影响不大。
	安尼塔：	所以也许历史研究的是过去的重要事情？
	教师：	但是如果这些事件不是发生在过去，它们就不是历史吗？
	艾莉：	它们当然不是历史，它们是现在。
	教师：	但是有人看到飞机飞进纽约的双子塔，认为这是"正在发生的历史事件"。
	萨姆：	但是那仍然是过去，因为从它发生到出现在我们的电视上之间有一段时间的延迟。
	穆罕默德：	但是这意味着新闻上显示的一切都是历史，对吗？
	教师：	对的！所以历史实际上是我们看到和听到的一切。要注意在事件实际发生和我们看到它之间是有一个延迟的，无论延迟的时间多么短暂。

摇摆器 1:如果 A= B

在询问概念意义的过程中,接受学生的任何回答,然后把学生的回答反过来说,并举一个例子。例如,在上面的对话中:

教师:　什么是历史?

亚当:　历史是过去发生的事情。

教师:　所以你的早餐是历史吗?

这个结构可以表示为:如果 A=B,那么 B=A 吗? A 是你正在思考的概念,在这个例子中是"历史"。B 是学生的回答,在这里是"过去发生的事情"。在例子中为了挑战学生的答案,我们使用了以下结构:如果 A=B,那么 B=A 吗?

61

图 4.4　亚当的早餐

一些关于摇摆器 1 的例子:

如果我的朋友(A)是我信任的人(B),那么我信任的人(B)就是我的朋友(A)吗? 举例:在我生病的时候,我信任帮助我的护士。这是否意味着这位护士是我的朋友呢?

如果假期(A)能够得到休息(B),那么是不是我休息(B)的时候就是假期(A)? 例如:我喝茶和下半小时棋的时间是不是假期?

如果欺负(A)意味着有人受到了伤害(B),那么我弄伤了某人(B)是不是意味着我欺负(A)了他? 例如:如果我在足球比赛中对某人犯规了,或者和某人说了不好的消息,那么算我欺负了他们吗?

如果英雄(A)是勇敢的(B),那么勇敢的(B)人就是英雄(A)吗? 例如:一个害羞的学生在课堂上提出了问题。他可能是勇敢的,但他是英雄吗?

摇摆器 2: 非 A

摇摆器 1 的替代方式是直接举一个反例。例如,在上面的样例对话中:

安尼塔: 所以也许历史研究的是过去的重要事情?
教师: 但是如果这些事件不是发生在过去,它们就不是历史吗?
艾莉: 它们当然不是历史,它们是现在。

62 这个结构可以表示为:如果 A＝B,那么非 B 是不是非 A? A 是你正在思考的概念,在这个例子中是"历史"。B 是学生的回答,在这里是"过去发生的事情"。这次,我们挑战学生的回答,我们提问:如果这些事件不是发生在过去(B),它们就不是历史(A)吗? 举例,当下发生的事情过于重大,以至于我们认为自己正在见证历史的发生。

一些关于摇摆器 2 的例子:

如果我的朋友(A)是我信任的人(B),那么我不信任的人(非 B)是不是就不是我的朋友(非 A)? 举例:我不相信我的一个朋友会偿还贷款,那么我们就不再是朋友了吗?

如果假期(A)需要离开某地(B),那么如果我不离开某地(非 B),我还算在度假吗(非 A)? 例如:我在家里度过了学校的假期,那么我还算在度假吗？

如果欺负（A）意味着有人受到了伤害（B），那么我没有弄伤别人（非B）是不是意味着我就没有欺负（A）他？例如：我没有打他们，但我鼓励其他人忽视他们，我这样做算欺负他们了吗？

如果英雄（A）是我尊敬的人（B），那么是不是意味着我不尊敬（非B）某人，他就不是英雄（非A）了？例如：南非支持种族隔离的政府多年来都不尊重纳尔逊·曼德拉（Nelson Mandela），但对世界各地的数百万人来说，他一直是（现在仍然是）一个英雄。

摇摆器 3：从一般情况到具体情况

你可能需要在一般情况和具体情况中变换例子，使得前两种提问方式起效果，特别是对于"非A"的情况。例如，如果你问学生朋友是什么，学生回答："对你很好的人。"如果你再问："这是不是意味着对你不好的人不是你的朋友？"答案肯定是"对的"。

然而如果你从一般情况变换到具体的情况，这种提问方式仍然会有效，并给你带来更多值得思考的内容。例如：

教师：什么是朋友？
学生：对你很好的人。
教师：朋友总是对你很好吗？例如，如果你的朋友今天没有和你分享
　　　他的糖果，这意味着你们就不是朋友了吗？

这将让你有机会去研究以下问题：

- 在什么情况下不友善和保持友谊可以兼容？
- 是否有一些朋友做的事情"不太友好"，但对你们的友谊起到了增进作用？
- 你能举出一些朋友做得不太好但却没有威胁到你们的友谊的事情吗？

摇摆器 4：量化

这是摇摆器中我不经常使用的一种，但当我使用的时候，它会产生一些富有成效的困境。使用量化策略时，我只要求学生给出一个他们的估计数值。

例如：

学生：朋友是你认识很久的人。

教师：需要认识多久？

学生：我不知道，也许是 2 年。

教师：天哪，这是不是意味着我需要认识一个人 2 年，甚至更长的时间，这样我们才能成为朋友。

学生：不是，当然不是。好嘛，也许几个星期就足够了。

教师：所以，如果我认识一个人几个星期了，我就自动和他成为朋友了吗？

64

关于摇摆器的要点

遵循以下四条建议可以提高你使用的所有摇摆器的成功概率：

1. 摇摆，不是为了得分

正如你可能已经注意到的，这些技术符合苏格拉底（公元前 469—公元前 399）的传统。苏格拉底经常通过提出一系列的问题来帮助人们反思他们的潜在信仰和他们的知识范畴。这样的提问并不是为了分数或证明有人是错的。事实上，据记载苏格拉底质疑他的雅典追随者，不是因为他傲慢地认为自己是对的，追随者是错的，而是因为他想要挖掘矛盾和误解，这些矛盾和误解阻碍了对真理的探究。

这正是摇摆器的原理：它们不是为了证明学生是错的。相反，它们是帮助学生打破简单回答和第一反应的工具，通过识别矛盾和误解，帮助学生形成质疑自己已有想法的习惯。

2. 幽默和谦逊

幽默和谦逊很难通过对话的例子传达，但它们是摇摆器这项技术的关键特征。当场怀疑或反驳学生的假设是对他们的轻视，会让他们感到沮丧。然而，如果我们和学生们一起笑（而不是嘲笑他们），并承认对于概念的认识，我们比学生知道得还要少，那么课堂效率似乎会高很多。这有助于建立师生共同探究的意愿，而不是形成对教师权威的依赖或是对回答错误有很多焦虑情绪。

3. 一点小计谋

头脑保持幽默和谦逊的意识，摇摆器的挑战一定程度上可以说是一种计谋。当然，计谋也有负面的含义，比如骗子的诡计。这就是我要明确相关概念的原因。在这里通过摇摆器，我在推广一种积极、有趣、能够吸引学生参与课堂的计谋。同时，值得一提的是，挑战的拉丁词根是"calumnia"，有计谋的意思。

4. 取出而不是填充

讨论一个常见的单词起源，"教育"来自拉丁语"educere"，意思是"引领或取出"。

摇摆器也试图这么做。摇摆器没有给学生答案、想法、事实或定义，而是努力梳理出学生的想法。一旦学生的想法被"取出"，这些想法就会被检验、考虑、交叉引用，当然还有被挑战。

教育的主要目的是培养开放的思想和一定的智力水平。

如果用获取知识的能力来定义智力，那么智力取决于对事物的好奇程

图 4.5 "取出"而不是"填充"

度。智力的培养则取决于自由地使用好奇心。

[吉杜·克里希那穆提(Jiddu krishnamurti)，1895—1986，

当代伟大的思想家之一]

脚手架

脚手架通过一系列问题，帮助学生提取他们所知道的内容，可能知道的内容，并鼓励他们质疑自己的思考。

我称它们为脚手架，是因为它们的目的是给在学习区域的学生支持和鼓励，这与摇摆器相反，摇摆器的作用是通过认知冲突让学生进入学习区域。

第一个脚手架的理论框架(第 67 页)是基于布卢姆(Bloom)的分类法。尽管一些批评家质疑布卢姆分类法顺序、层次的性质，但它仍然是最著名和经常被提及的思维图式之一。不过，请注意在第 78 页的"思考"一章中，有一些对布卢姆的分类法进行挑战的内容。

怕问者耻于学。

(丹麦谚语)

第二个脚手架的理论框架像摇摆器,是基于苏格拉底的传统。虽然如此,但是这些问题与摇摆器不同,它们是为了帮学生厘清思路,而不是为了迷惑学生。第二组问题使用"CRAVE"(问题分类的首字母组合)帮助记忆:

- 澄清(Clarification)
- 原因(Reasons)
- 假设(Assumptions)
- 观点(Viewpoints)
- 影响(Effects)
- 对问题的追问

问题时间

佛罗里达州立大学儿童教育系玛丽·巴德·罗伊在 1986 年发表的一项研究显示教师们在提问后往往没有给学生足够的思考时间。[60]

该项研究对 300 多段课堂录音进行分析,结果发现:

- 老师提出了一个问题之后,他们仅等待 1 秒钟或更短的时间就会让学生开始回答。
- 如果 1 秒内学生们没有回答,老师会重复或重新表述问题,或者用其他方式提醒学生回答。
- 在学生回答后,老师通常会在不到 1 秒的时间内做出反应或继续进行更多的提问;学生们几乎没有再思考的机会。
- 老师会给有能力的学生更多的回答时间,给没有能力的学生更少的回答时间。

当教师们延长了提问后的平均等待时间,罗伊和她的团队发现:

1. 资优生解释说明的时间增加了 5 倍,学困生解释说明的时间增加了 7 倍。

2. 主动举手且回答恰当的人数急剧增加。
3. 无法回答的学生人数从平均 30% 下降至不到 5%。
4. 孩子们提问的数量急剧增加。

来自同一团队的进一步研究结果说明课堂可以被定义为双人游戏（老师是一个玩家，学生们是另一个玩家），在这种游戏中，当互动的分配更加公平时，探究的质量就会提高。

脚手架理论框架 1：布卢姆分类法

67

高阶

评价

- 你同意……吗？
- 哪一个是最重要的……？
- 你会用什么标准来评估……？

动词：评价、争论、评估、附加、选择、比较、辩护、估计、判断、预测、比率、分数、选择、支持、价值、评定。

综合

- 你可以从……中，预测/推断出什么呢？
- 如果你把……结合在一起，会发生什么呢？
- 对于……，你建议采取哪种解决方案？

动词:安排、组装、收集、撰写、构建、创建、设计、开发、制定、管理、组织、计划、准备、建议、建立、写作。

分析

- ……的重要组成部分或特点是什么?
- 如何把……与……进行比较/对比?
- 对于……你能列出什么证据呢?

动词:分析、评价、计算、分类、比较、对比、批评、区别、区分、辨别、检验、实验、问题、测试。

低阶

应用

- ……的样例是……的?
- ……和……相关?
- 为什么……是显著的?

动词:应用、选择、演示、戏剧化、使用、说明、解释、操作、实践、时间表、草图、解决、使用、写作。

理解

- 你如何用数值表示百分之十八?
- 这个故事的寓意是什么?
- "Je m'appelle James"是什么意思?

动词:分类、描述、讨论、解释、表达、识别、指示、定位、报告、重述、复习。

知识

- 什么是……?
- 什么时候发生了……吗?
- ……在哪里?

动词:安排、定义、重复、分类、列表、记忆、名称、类别、识别、关联、回忆、重复、再现、陈述。

这些问题是依据本杰明·布卢姆的教育目标分类法(认知领域)[61]进行分类的。还请阅读第 78 页关于布卢姆研究的评论。

脚手架理论框架 2: 苏格拉底式问题

澄清

"告诉我更多"的基本问题引导学生思考得"更深入"。

- 你为什么要那么说?
- 这到底意味着什么?
- 这和我们一直在谈论的事情有什么关系呢?
- 关于这个话题,我们已经知道了什么?
- 你可以给我举一个例子吗?
- 你是说……还是……?
- 能否请你重新说一遍?

原因

检查学生给出的理由是否确实能支持他们得出的结论。

- 你可以给我举一个符合那个条件的例子吗？
- 这些理由足够充分吗？
- 如何进行反驳呢？
- 我如何能确信你所说的呢？
- 为什么……正在发生？
- 有什么证据可以支持你所说的？
- 你的论点是基于什么权威？

69

假设

要求学生们思考他们建立论点所依据的前提和毋庸置疑的信念。

- 你认为什么是理所当然的？
- 你是不是有这样的假设……？
- 解释一下为什么……/怎么做……？
- 你如何验证或反驳这一假设？
- 如果……会发生什么？
- 你同意或不同意……吗？
- 你不是……想的吗？

观点

大多数论点都是依据特定观点给出的。从你的学生那里寻找其他的观点。

- 对待这个问题，有什么其他的看法？
- 为什么……是必要的？
- 谁从中受益了？
- 为什么它比……更好？
- ……的优势和劣势是什么？
- ……和……的相似程度如何？
- 你如何用另外一种方式看待这个问题？

影响

论点和想法可能具有可以预测的逻辑含义和后果。这些问题引导学生们去思考想法或行动可能产生的影响或后果。

- 接下来，将会发生什么？
- 接下来，难道不是……？
- 这个假设的后果是什么？
- ……是如何影响……？
- ……和我们之前所选内容是如何关联的？
- 你是不是建议……？
- 什么是最好的……？为什么？

问题

对问题进行追问（元认知）。这些追问是为了让学生们反思他们所提问题的相对优点。

- 你的问题效果如何？
- 你的哪些问题是最有用的？
- 问这个问题有什么意义呢？
- 你认为我为什么问了这个问题？

- 那意味着什么？
- 你能改进一下你/我的问题吗？
- 将来你会如何改进你的问题？

直觉和概念是构成我们所有知识的元素，所以无论是只有概念没有直觉，还是只有直觉没有概念，都不能产生知识。

［伊曼努尔·康德(Immanuel Kant)，德国哲学家，1724—1804］

概念担架

当你仔细阅读我推荐的挑战方法时，你会注意到它们都有一个共同点：关注关键概念。这不是巧合，人们的思想和行为反映了他们大脑中概念的复杂性、丰富性、多样性和连贯性。如果我们无法把大脑中的概念联系起来，那么我们往往无法理解更复杂的含义。在《教育中的思维》（第二版）中，马修·李普曼谈到了概念的含义："当我们把事物的相似之处聚在一起时，据说我们就有了一个关于它们的概念……概念是思考的工具，是思考发生的实体。"[62]

所以概念不仅仅是事实、信息或数据，而是一些更基础的东西，它们才是思考的基础。

在资源网站上，史蒂夫·威廉姆斯、罗杰·萨特克利夫和我创建了一些能探索和构建学生概念理解的练习。我们把这些练习称为"概念担架"，并对不同的概念探索方式进行了分类：

- 比较（寻找相同和不同之处）
- 对话（针对某一概念思考和重建对话）
- 样例（对人/物、场景、对话进行分类）
- 观点（赞同和不赞同的观点）
- 问题（反思源于概念的问题）

71

在这里我们介绍"比较"和"样例"两种概念担架，其他的概念探索方式见 www. p4c. com。

概念担架：比较

挑战学生对一个概念的看法最常见的方式是与另一个概念进行比较。比较通常是要找出两个概念的相似性和差异性（联系和区别）。例如，以下两个概念的相似性和差异性：

- 历史（研究）和历史（过去）
- 音乐和噪音
- 想法和梦想
- 演讲和语言
- 朋友和同学
- 形状和大小
- 假期和周末
- 可生物降解的和可重复使用的
- 英雄和罪犯
- 写创造性故事和说谎话
- 知识和智慧

在图 4.6 中，你可以看到一些概念，它们可以使用维恩图进行比较。在接下来的几页里还有其他的例子。你也可以使用其他的视觉工具来帮助做区别，包括连续统（continuums）、思考圈（thinking circles）、概念图（concept maps）等。

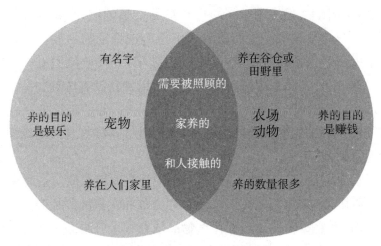

图 4.6　使用维恩图比较概念

72

其他例子:

1. 知识和智慧
2. 想法和梦想
3. 密码和谎言
4. 朋友和同学
5. 旅游者和旅行者

维恩图

学生学习数学时可能很讨厌它,但它是一个能很好地帮助思考的视觉工具。它甚至适用于年龄最小的学生。事实上,在很长一段时间内,我看到的最好的一个课程是发生在英国索纳比幼儿园里的。老师让班级中 4 岁的孩子围坐成一个圈,她在圈的周围放了 50 件物品。接着她给学生们看了一张 4 岁男孩的照片,让学生们每人挑选 1 件他们认为属于这个男孩的物品,放在地上男孩照片旁的一个呼啦圈里。当学生们挑出物品放在圈内时,她要求学生们给出他们这么认为的理由。例如,学生中的一人挑选出牙刷，她会询问为什么。

然后，她给学生们看了一张同样年龄的女孩的照片，并要求他们做同样的事情。只是这一次学生们被要求把他们选择的物品放在女孩照片旁边的呼啦圈里。问题是班上一共有 30 个孩子，一开始他们有 50 件物品，现在已经有 30 件物品在男孩的圈里了。所以她让没有选到物品放到女孩圆圈里的 10 个孩子来思考如何解决问题。当然，他们建议把一些物品从男孩的呼啦圈移动到女孩的呼啦圈里，他们继续这样直到教师询问其他孩子是否愿意挑战。

孩子们最终决定一些物品可以同时属于男孩和女孩。这时老师拿出了第三个呼啦圈，并把它放在一张同时有男孩和女孩的照片旁边。课程以孩子们的谈判结束，他们讨论了什么物品放在哪个呼啦圈里（给出理由，互相倾听，接着做出决定）。我认为天才之举是引入第三个呼啦圈，而不是让学生理解重叠圈的抽象概念。

对于年龄较大的学生，可以通过让学生修改图表来拓展维恩图的使用，通过修改让图能完美展示出两个（或更多个）概念之间的关系。最近我在一群学习体育的 16 岁孩子身上使用了这种方法。在课程的一开始，我说"运动"和"战争"是一回事。

当然，这一想法被拒绝了。所以我建议大家使用维恩图来测试一下我的假设。我要求学生们把诸如攻击、防御、勇敢、交战规则、毫不妥协和任何他们能想到的术语放入图 4.8 中：

他们在分类 2 中放的词语越多，我就越幸灾乐祸地认为我的假设是正确的。这当然让他们更有决心去证明我是错的，去发现更多可放在 1、3 和 4 区域中的术语。接着，我给予他们挑战，让他们决定以下哪个图能代表运动和战争之间真实的关系（图 4.8 为原始图）。

拓展：我要求一些小组加入代表"游戏"的第三个圈。

更多关于维恩图的例子见第 123、142、155 和 179 页（课程计划）。

维恩图的一个变式在马修·李普曼和安·夏普（Ann Sharp）的研究中可以看到。他们没有给这个工具起名字，我将它命名为"同心圆"（concentric circles）。

74

图 4.7 孩子们使用的维恩图

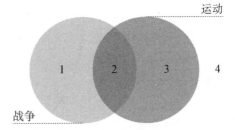

图 4.8 运动和战争

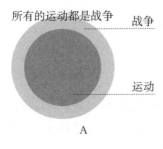

A

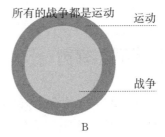

B

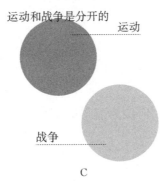

C

图 4.9 不同版本的运动和战争

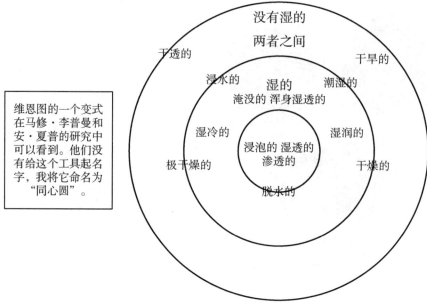

图 4.10   同心圆(改编自李普曼和夏普的研究)[63]

75   ## 概念担架: 样例

探索概念的一个有效方法是针对给定的概念举一些例子,并将它们写下来供学生思考。这些例子包括你认为的该概念的合适例子、反面例子和临界例子。例如,关于"勇气"这一概念的例子。

合适的例子

站起来反抗恶霸。
冒着尴尬的风险尝试你认为值得的事情。

反面的例子

当你做错了一些事情时,因为害怕被指责或惩罚,就把责任归咎于别人。

因为担心会尴尬，所以不去做一些你真正想做的事情。

临界的例子

非常害羞，无法克服。
通过吃药来克服害羞和尴尬。
阻止别人欺负他人。但你比他俩都强壮很多。

关于挑战的十大重要事实

1. 挑战是必要的

如果没有挑战，学生不会胜任学习，进步也会很慢。正如丘吉尔曾经说过的："风筝是顶着风高飞，而不是顺着风。"

2. 挑战应该让学生摇摆起来

挑战的目的是让学生走出他们的舒适区，进入他们的学习区，在那里他们会思考得更多，更集中注意力，更多地摇摆——所有这些都是深度学习的迹象。

3. 具有挑战性目标的基准

学习意图和成功标准应该是一些具有挑战性的目标，它们可能无法在一次课程中实现，当然没有努力和坚持也是无法实现的。

76

4. 创造认知冲突

挑战不仅仅是拓展目标,它也涉及为学习者设置障碍、提供反面论据,以及故意在学生的大脑中制造认知冲突。

5. 带着谦虚和幽默的态度开展挑战

有成效的挑战是和学生一起笑而不是嘲笑他们,教师适时承认自己不知道答案。这有助于建立一种与教师合作研究的预期,而不是依赖于教师的权威,并伴随着一种对获得错误答案的焦虑。

6. 应该区分不同的挑战难度

每个学生的最近发展区("当前"和"潜在"发展水平之间的差异)都是不同的。因此,应该精心设计脚手架技术,以帮助每个学生在自己的最近发展区中工作。

7. 将挑战作为一个探究团体的一部分

虽然挑战需要区分不同的难度,但当一个团体遇到挑战时,挑战的威胁就会减小。探究团体等形式是解决这些问题的理想方法。

8. 在提出具有挑战性的问题后, 增加思考时间

玛丽·巴德·罗伊发现:将提问后的思考时间增加到 3 秒,学生回答的质量和数量会有显著改善。[64]

9. 从长远来看，挑战提高自尊和动机

许多老师担心给学生过多挑战会让他们失去学习动力或伤害他们的自尊。实际上，效果通常恰恰相反：学生对挑战越熟悉，他们就越喜欢它，并相信能够更好地应对它——从而增加自尊和动机。

10. 挑战把反馈、勤奋、思考和自尊结合到一起

从某种意义上说，挑战是所有学习的中心。因为没有挑战，就不需要反馈。没有反馈（来自自己和其他人），就没有反思和真正的成就感。

第五章　思考

学校应该始终以在年轻人离开学校的时候把其培育成一个和谐的人而不是一个专家为目标，要始终把培养独立思考和判断的一般能力放在首位。

（阿尔伯特·爱因斯坦，1950）[65]

图 5.1　阿尔伯特·爱因斯坦

为什么要教授思考？

当我看着我的女儿成长的时候，我很好奇她是如何学会思考的。仅仅几个月后，她似乎有意地通过视觉、声音或更常见的味觉来研究每一个物体，从而将一个物体与另一个物体进行比较。当她 11 个月大的时候，她在想其他的方法给我们的狗赫克托（Hector）喂食。我们会告诉她不要把手上的食物给狗吃，然后她会对我们微笑，把食物放在背后，摇动着让狗吃。2 岁的时候，她就跟我们讲道理："我不要睡在我的床上，我要睡在妈妈的床上，爸爸的床上。睡在我自己的床上，我会哭的。"

这是在 1 到 2 个星期中几乎每晚都会发生的争论。我女儿思考的自然发展引发了一个问题：既然她已经学会了思考，她真的需要学校教她如何思考吗？

要回答这个问题，重要的是要区分思考的类型，在我看来，思考包括两大类：常规思考和内省思考。

常规思考包括我们在骑自行车、散步或抄写笔记时几乎是下意识的思考。

内省思考包括思考我们行为的后果，以及决定影响我们怎么想和怎么做抉择的因素的相对重要性。

如果我的女儿学会了流利地说或写，但做事时不加思考或不体谅他人，那么她很可能会让自己和他人感到烦恼。如果她记住了很多事实，但没有学会如何明智地使用它们，那么她的知识在应用上就会受到限制。因此，我希望她在家里和学校都有机会提高自己思考的熟练性和反思性以及社交能力。

超越布卢姆

我选择使用"好的思考"这个词，而不是"高阶思维"，因为后者通常与布卢姆的分层联系在一起。这并不是说这本身就是一件坏事，但许多评论家指出，布卢姆实际上忽略了推理，因此忽视了合理性，而我很希望将其纳入任何推荐的评价标准中。事实上，马修·李普曼在介绍他的教师手册《基奥和格斯》（*Kio and Gus*）时说："布卢姆对教育目标的分层实际上忽略了推理能力。有鉴于此，人们一定会想知道它是如何在过去四分之一个世纪中一直保持典范地位的。"[66]

公平地说，布卢姆实际上提出了一个教育对象的分层法[67]，它确定了学习的三个领域：认知、情感和精神运动，而不仅仅是人们经常引用的思考技能分层。从那时起，著名的理论家，如利普曼、夏普、珀金斯和科斯塔也强调了思考的情感领域和各种持续的态度，如好奇心和对他人的尊重，他们称之为"性格"。

然而，重要的是要对环境保持敏感。拥有思考问题的能力（技能）和倾向（性格）是很好的，但是如果环境要求我们不按照我们倾向的方式来运用我们的思考呢？例如，在正常情况下，能够发现某人论点中的缺陷并愿意挑战假设可能会受到称赞，但如果在特定的情况下这样做是有冒犯性的呢？或者换一种说法，理性不是纯粹的理性，而是经过评价磨炼的理性。

79

因此,本章将着重于"好的思考"(good thinking),它是灵活的、有见地的和富有成效的,并试图提出一种新的"好的思考"的分类法。

思考与教育

如果我们不能从我们获得的教育中成为更好的人,那么教育的真正目的是什么? 如果只是为了"挣钱"谋生,那么我们真的"活着"吗?

[阿努(Aron)]

以下是我认为学校应该强调思考教学的几个原因。

1. 一个健康的社会需要思考

很多时候,个人、家庭、组织和社区都生活在考虑不周的决定、有偏见的判断、不合理的行为、狭隘或有限的观点和未经考察的价值观的后果中。然而,如果年轻人(事实上是成年人)学会了更加深思熟虑,能提出更好的问题、阐明问题、相互尊重地进行对话和合作思考,那么许多问题都可以避免。偏见或预先判断会减少,下意识的反应会减少,轻率的行为也会受到限制。

当然,一些当权者可能更希望公民不要思考,或者至少要听话,但独裁主义经常导致战争、侵略和不平等。

我不想说缺乏反省的生活必然是坏事——许多无可置疑的传统给人们的生活带来欢乐,而许多行为之所以令人愉快,正是因为它们看起来是自发的。但也许我们知道这些愉快的行为是无害的,是因为我们在生活中的某个时候已经对它们进行过思考。

2. 学习"如何"学习是终身学习的关键

我已经说过,学校教育的一个关键方面就是学习如何学习。也许这甚至是最重要的一点,因为没有这种能力,儿童永远无法成为独立或适应性强的学习者。正如爱因斯坦所说:

80

> 培养独立思考和判断的一般能力应始终放在首位,而不是特殊知识的获得。如果一个人掌握了学科的基本知识,学会了独立思考和独立工作,那么他一定会找到自己的路,而且与那些主要以获得详细知识为训练的人相比,能够更好地适应进步和变化。
>
> (阿尔伯特·爱因斯坦,《爱因斯坦晚年文集》,1950)

学习如何学习需要孩子们提出问题,给出理由,组织信息,理解概念,所有这些都是思考的技能。他们还需要能够概括,发现例外,挑战假设,解释和预测。我们现今世界的变化比历史上任何时候都要快,学习、适应和运用判断力的能力在未来将是非常重要的。

3. 思考增强了阅读和写作所需的编码和解码

正如后面"反对教授思考的争论"一节所探讨的那样,在学校里不教授思考的一个普遍观点是,有更重要的东西要教,比如读写能力和算术。然而,正如加丽娜·多莉娅(Galina Dolya)在她的优秀著作《维果斯基在早期教育中的行动》(*Vygotsky in Action in the Early Years*)[68] 中指出的,帮助幼儿准备上学的最好方法不是强迫他们学习字母和数字;相反,她认为,最好帮助他们学习如何编码和解码各种对儿童友好的符号,如图片、地图、计划和模型,使他们在上学时"准备好并有能力学习"。

4. 思维会在考试中被测试出来

很奇怪的是，反对学校教授思考的最常用的论据之一就是时间不够，特别是考虑到课程内容繁重，学生在考试中被要求表现出色的压力过大。然而，看看许多考题：前几道题需要直截了当的事实性答案，但只占了几分，而后面的几道题则要求学生运用推理、解释、比较和对比等思考技能，并占据了更多的分数。

例如看看英国普通中等教育证书历史学科（世界现代史）［OCR's GCSE History（Modern World）］的第一页中的这个问题，这一题主要为 16 岁的学生所设置，并考虑充分回答这个问题所需的思考技能。

81

图 5.2　胡佛政策下的儿童

这张照片是否证明胡佛（Hoover）的政策在大萧条时期对人们的帮助甚微？利用原始资料和你的知识来作答。[69]

记住这个问题值 7 分（占整个卷子的 10%），那么在对大萧条有着广泛的了解的基础上,学生们如何才能完整地回答这个问题呢? 除非他们被教导如何推理,并理解如何以某种方式"证明"一个案例所需的论点和反论点。

英国国家考试精选题

注意:测试主要侧重思考能力。

关键阶段2 标准课业测评考试——英语测试,2007(4分)

假设你在费尔伯恩学校的6L班。你的任务是写一份传单,劝说人们爱护环境。内容包括以下主题:回收利用垃圾;野生动物的保护;水的使用和运输。

关键阶段2 标准课业测评考试——数学测试,2008(3分)

杰米画了一个三角形。他说,"我的三角形的三个角中有两个是钝角"。
解释为什么杰米是不正确的。

关键阶段2 标准课业测评考试——科学测试,2007(2分)

贾马尔说:"我想如果你把冰块放在很多塑料袋里,它们会被冷冻更长时间。"贾马尔做了什么样的陈述:**观察、预测、结论还是测量?**

关键阶段3 标准课业测评考试——英语测试,2008(27分)

被人低估总比被人高估好。
你对上述说法有何看法? 你同意还是不同意作者的主张? 就你对这

82

个话题的看法写一篇文章。你的文章可以支持、驳斥或在声明中表达限定的观点。然而，你所写的必须与讨论的主题相关。此外，你必须支持自己的观点，说明你的推理，并提供基于你的研究和/或经验的例子。

普通中等教育证书考试——设计与技术（4分）

研究图片中所示的烧烤叉。解释为什么叉子不应该在没有把手的情况下使用，请给出两个理由并**解释**你的每个答案。

普通中等教育证书考试——英语（27分）

从你的过去中选择一个对你有特殊意义的事件。**描述**发生了什么，并**解释**你的感受。

普通中等教育证书考试——历史（6分）

研究一下这幅 1948 年 7 月出版的评论第一次柏林危机（Berlin Blockade）的漫画。这幅漫画**传达的信息是什么**？用漫画的细节和你的知识来**解释**你的答案。

普通中等教育证书考试——音乐（12分）

这个音轨名为《哈利波特与火焰杯的续集》。请从中**识别**出六个音乐特点。对于每一个特点，**请提出**它在电影中可能描述的不同的情绪或行动。

普通中等教育证书考试——体育教育（4分）

伦敦成功地被选为 2012 年奥运会的主办地。（1）**请举例说明**，用一个例子来**证明**这对伦敦的有利之处。（2）请举例说明，用一个例子来证明这对伦敦的不利之处。

高中一年级地理考试(8分)

具体参考图中的证据,**概述**影响地图所示区域内萨福隆沃尔登(Saffron Walden)范围大小和形状的**可能因素**。

高中一年级物理考试(6分)

描述三种可以观察到的现象,并用叠加原理加以**解释**。你可能会发现画图表有助于你的描述。

83

分析	描述	成组	回应
预测	查明	假设	序列
应用	讨论	识别	简化
因果关系	精心设计	推断	展示
选择	估计	解释	解决
分层	评估	组织	排序
比较	举例说明	转述	总结
联系	探索	预测	支持
对比	概括	提问	试验
决定	给出例子	排列	证明
定义	给出理由	代表	形象化

图 5.3 考试中测试许多思考能力的样本

教授的思考类型

对一些专家来说,良好思考的教学应该关注培养性格,例如,让人们变得更好奇、更具战略性、思想更开放和更具评价性。其他专家则专注于查找相关信息、比较、综合和理解等技能。布卢姆强调"高阶思维"，而马修·李普曼则提倡批判性、创造性和关怀性思维。

在研究了这些方法之后，在我看来，所有"好的思考"的共同点是：灵活、有洞察力、创造性。如果创造性思维不灵活，那么它的用处就很有限；如果思考是没有洞察力的，那么它的作用也很有限。因此，"好的思考"是这三个特征的结合。

为了帮助我计划课程，确保我的学生在思维上既有广度又有深度，我用缩写 EDUCERE［来自拉丁语的"引出"（to lead out）］建立了一个分类法。当然，它是英语单词"教育"的来源。

84　表 5.1　"EDUCERE"思考

E－参与（Engage）	D－渴望（Desire）	U－理解（Understand）
关注，合作思考： ● 言语行为，比如说主张、提议、暗示、推断、声称和争辩 ● 精神行为，如专注、投入精力和热情，保持注意力集中 ● 涉及积极和感兴趣的肢体语言的身体行为 欲了解更多信息，请参阅"勤奋"章节，第31—44页	有以下倾向和愿望： ● 好奇和询问 ● 思考和评估想法与表现 ● 承担责任并计算风险 ● 合作和独立工作 ● 想象新的可能性并保持开放的心态 ● 有适应力并顽强 ● 管理情绪 ● 深思熟虑 欲了解更多信息，请参阅"勤奋"章节，第31页开始	通过以下方式理解信息： ● 查找相关数据 ● 寻求清晰和精确 ● 比较和对比 ● 整理和分层 ● 排序 ● 建立联系 ● 表示信息 ● 寻求更深层次的理解 ● 识别误解 欲了解更多信息，请参阅"挑战"章节，第51页开始

（续表）

C－创造（Create）	E－询问（Enquire）	R－原因（Reason）	E－评估（Evaluate）
通过以下方式创造新想法： ● 寻找替代方案和可能性 ● 建立假设 ● 创新 ● 收集和规划 ● 暂时中止逻辑 ● 寻找价值 ● 灵活思考 ● 询问"如果……怎么办？" 欲了解更多信息，请参阅爱德华·德博诺（Edward de Bono）的工作，www. edwdebono. com	通过以下方式询问主题： ● 提出相关问题 ● 定义问题 ● 预测结果 ● 测试结论 ● 寻求细节以更深入 ● 解释意义 欲了解更多信息，请参阅对问题的追问部分，第66—68页	通过以下方式发展原因： ● 给出理由 ● 使用精确的语言 ● 推论 ● 应用逻辑 ● 测试假设 ● 提出平衡的论点 欲了解更多想法，请参阅批判性思维部分，第 90—92 页	通过以下方式判断某物的价值： ● 制定标准 ● 检查准确性 ● 确认改进 ● 测试相关性和重要性 ● 标杆管理 ● 与备选方案进行比较 欲了解更多想法，请参阅"反馈"章节，第12 页

反对教授思考的争论

85

如果没有一些反对教授思考的论据，那么关于思考的章节将是不完整的，所以在这里列举几个反对教授思考的观点。

1. 没有教授思考技巧的时间

到目前为止，我工作过的十个国家的老师都抱怨说，由于课程过于拥挤和政府对考试成绩的过分关注，没有时间教授思考技巧。就我个人而言，我认为"不是"没有时间教授思考技巧，尤其是想到考试测试思考的方式（见第 80—83 页）。然而，我理解老师们所承受的压力，我完全能理解这种观点。

2. 不管怎样，思考技巧都会被学会，不需要单独的指导

我经常听到的一个论点是，尽管在学校时缺乏思考技能的指导，但大多数成年人都能很好地思考。尽管这无疑是正确的，但任何能力——无论是跑步、写作、听力还是思考——都可以通过进一步的教学来提高。当然，这就提出了一个问题，即哪些能力应该优先考虑。我已在 84 页讨论过这个问题。

3. 在学习任何思考技巧之前，都需要先掌握阅读和写作

也许这是最常见的反对教授思考的观点，这反映了人们的担忧，即教授思考是以牺牲三个"R"为代价的。例如，一些孩子离开小学后，能够发现"奇数或对食物进行分类"（虽然是基本的，但却很受欢迎的思考技巧活动），但这些孩子不能背诵他们的时间表，不能写得有说服力或拼写正确。虽然我认为这一观点可能是对的——识字和算术几乎毫无疑问是教育的主要目的——但也许识字、算术和思考可能是学校教育的一套更好的基本目标？

4. 一些思考方式会产生妨碍

我在马耳他上的一门横向思维课程是和演讲人爱德华·德博诺博士共同开始的，他认为"三贤"（亚里士多德、苏格拉底和柏拉图）应对"西方"思维的所有错误负责，因为他们在我们的社会中造成了对逻辑和理性的过度依赖。我猜他这么说是为了挑战，也是为了进入创造性思维的第一步，即中止逻辑和推理，这样人们就可以预先准备好接受一开始似乎"不合逻辑"的"创造性"想法。

5. 思考技巧不可能一概而论，因为它们都是基于特定情境的

86

例如，尽管每个学科都要求学生进行比较和对比，但要求他们比较一项运动中的两个进球与比较两个数学方程式或三个科学过程之间有很大的区别。因此，我们不应该泛化地教授，而应该教会学生自己思考如何解决问题——因为每个科目不仅包括内容，而且还包括探究传统和思考类型。

还有几句话值得考虑

- 良好的记忆力比求知欲更有用：

"有些人不会仅仅因为记忆太好而成为思考者。"（尼采，1844—1900）
- 人们无须思考就能过得很愉快：

"很少有人一年思考两到三次以上；我通过每周思考一次而为自己赢得了国际声誉。"（萧伯纳，1856—1950）

认知冲突

思考性课程需要思考的老师和思考的学生

任何思考技巧分层的一个主要问题是，教师和学生在不需要反省式思考的情况下完成课程的频率有多高？正如我在这本书的导言（见第 xiii 页）中所提到的，很多情况下，学生不需要在课堂上思考，除了一些低级的信息处理之外，这可能是因为低难度的挑战、固定的课程或是对快速答案的渴望。解决这个问题的一个行之有效的方法就是制造认知冲突。

87

认知冲突包括在一个人的头脑中建立一种意见冲突。这种冲突,或不和谐,使思考者感到不安,并使他们更深入地思考他们的假设。

例如,如果小学生被问到怪盗罗宾汉(Robin Hood)是不是个"好人",他们很可能会说"是"。这是人们的第一个想法:"罗宾汉是个好人。"然而,如果有人问他们,如果班上有人从超市偷东西,然后把钱给穷人,这个人是不是好人,他们通常的回答是"不是"。这就引发了他们的第二个想法,"偷东西是不对的"。

正是这种既认为罗宾汉是个好人,又认为偷窃是错误的意见冲突形成的矛盾导致儿童思考或反思得更多。

图 5.4 显示了另一个例子,这一次一个学生试图回答一个问题:"什么是朋友?"他的直接反应是把朋友当成他信任的人(想法 1)。但是老师认为我们信任的人有很多,比如说,在急救中心工作的人,但不能把他们算作我们的朋友。这就产生了想法 2,与想法 1 相比,这是造成认知冲突的原因。

图 5.4　创造认知冲突

有关认知冲突的说明

创造认知冲突的主要原因是它鼓励学生和教师进行更深入的思考。

当学生知道或认为他们知道解决问题的方法时,他们就不会去想太多。然而,如果他们经历了认知冲突,那么想法之间的矛盾就会引发内省思考。

例如,考虑一下你上一次面临困境的时候。你做了什么? 你有没有寻求解决方案或其他答案,试着找出真正的问题,寻求建议,或者考虑一种方法相较于另一种方法的优点? 还是你惊慌失措以致忽视了问题?

当然,这两种反应都很常见;你倾向于哪一种反应取决于许多因素(见第 97 页开始的"自尊"一章)。小学生也是如此。但是,如果我们能帮助他们度过面对冲突时的恐慌阶段,他们应该会开始有更多的耐心、目标和精力去思考。这有两个目的:思考得越多,他们就越努力学习,并且常常获得更深层次的理解;他们思考得越多,他们的思考就越"恰当",因此他们也就越愿意在未来努力思考。

认知冲突的特征

88

1. 学生需要暂时接受导致认知冲突的不同意见。这一点至关重要,因为如果学生立即拒绝一种可能性,那么认知冲突就不会发生。存在两种想法会令人产生更深入、更清楚地思考的冲动。

2. 产生认知冲突的方式有很多种,包括:

- 使用对话,可能从一个关于概念的含义或定义的问题开始(见第 59 页开始的摇摆器);
- 将一个概念与其他概念进行比较,包括同义词和反义词的使用(见第 70 页开始的概念担架);
- 反思概念在不同语境中的不同用法,尤其是当代的例子;
- 使用扩展问题来扩展概念的含义、用途和理解方法(示例见本书后面的教案);
- 与另一个概念相撞——有时随机选择。例如,请参考爱德华·德博诺关于 PO 的概念,即挑衅行动(provocative operations)[70]。

3. 最终目的是让学生为自己建立认知冲突。在这本书中的示例对话中,你会注意到老师在用摇摆器来挑战学生。然而,这应该有一个从老师

89

挑战学生，到学生互相挑战，最后到个别学生挑战自己的过程。正是在这种挑战的最后表现形式中——学生挑战自己，我们看到了内省思维的基础。

图 5.5　挑战

认知冲突的道德目的

关注认知冲突的另一个原因是道德原因。小学生大部分时间都生活在认知冲突中，却常常忽视它。举个例子，有如下共同看法：

看法

- 如果我被欺负了，我应该告诉老师。
- 偷窃是错误的。
- 你不应该撒谎。
- 毒品是非法的。

矛盾的看法

- 爸爸说如果我被欺负，我应该加倍努力回击他们。
- 罗宾汉是个好人。

■ 如果会伤害到别人，就不要说实话。
■ 香烟和酒精会使人上瘾。

这些认知冲突的例子是司空见惯的，为什么我们的学生不好好想想呢？在我看来，答案就在于我们对思考的信心的丧失。

我们经常告诉年轻人不要过多反驳，忽视相反的观点，我们会说诸如这样的话：

90

■ "我知道你爸爸说要反击，但你现在在学校，所以你必须告诉老师。"（推论：忽视相互矛盾的意见）
■ "罗宾汉与众不同，他是虚构的人物。偷窃总是错误的。"（推论：忽视劫富济贫的价值）
■ "是的，我知道这些药物已经合法化了，但它们仍然是错误的。"（推论：忽视法律现在已经被修改，允许某些人合理使用这些药物的事实）

在大多数情况下，说这些似乎是合理的，但危险的是，要求我们的年轻人忽视相反的观点，实际上是在阻止他们自己思考。例如，这两者之间的区别是什么：

■ 一位老师说，"不要理会别人告诉你的关于毒品解放你的思想或身体的事，事实是毒品会把你的精神和身体搞得一团糟"；
■ 一个毒贩说，"别理他们在学校教你的。毒品其实对你有好处，它们会给你从来没有体验过的兴奋的感觉"。

既然这两人在处理过程中几乎没有什么不同——都在说"忽视另一方的观点"——那么，怎样才能阻止儿童形成一种肤浅的思维，即导致纽伦堡审判（Nuremburg trials）中那么多被告说"我被告知必须这么做"的思维？

解决这一问题的方法首先在于学习如何以理性、合理的方式处理认知冲突；其次，我们要鼓励儿童或青少年认识到他们的思考和/或行为中存在的潜在冲突。

例如，我们可能会要求年幼的儿童决定动物是否会说话（记住相互矛盾的信息来自经验、故事和科学）。我们可能会要求大一点的学生考虑什么是欺凌，而不是欺凌是否是错误的，例如：

想法 1：欺凌就是让人感觉很糟糕。
想法 2：如果我告诉某人他的猫死了，他会感到很糟糕，但这通常不是欺凌。

注意：这本书后面的教案中有很多这样的例子。

批判性、创造性、合作性和关怀性思考的快速指南

思考有很多种形式，从创新到逻辑，从反思到冲动，从独立到协作等。下面将简要介绍批判性、创造性、合作性和关怀性思考，因为学生的这些思考将通过本书中的教案得到加强。[71]

批判性思考

批判性思考的基础是论证。对大多数人来说，论证与争辩有关，或者与争论、冲突或辩论有关。然而，在批判性思考中，论证是一种陈述：

91

- 一种意见（或结论）
- 有原因（或前提）支持的
- 有说服力的

进一步阅读：到目前为止，我认为批判性思考的最佳指南来自罗伊·范登·布林克-布登博士（Dr Roy van den Brink-Budgen），他是英国牛津、剑桥和 RSA 考试局（OCR）高中一年级批判性思维课程的前首席考官。

要开始培养批判性思考，最简单但最有效的方法是鼓励学生所说的每一句话都有理由支持。如果他们提出"偷窃是错误的"观点，那么我们应该要求他们用一个理由来证明自己的观点，比如："因为这让人感觉不好"（尽管他们的第一反应通常是"仅仅因为"，或者循环论证，"因为偷东西是错误的"）。

例如：

"我认为曼联是世界上最好的足球队。"

这仅仅只是一种（自以为是的）看法。

学生 A："曼联是最好的足球队。"
学生 B："不，它不是；巴塞罗那才是。"

这是交换意见。

"曼联是世界上最好的球队，因为它赢得的英超冠军比其他任何球队都多。"

这是一个论证，因为有理由支持这个观点。

"商店下午 5 点关门，因为门上写着这样的话。"

虽然这有一个论证的形式（结论有一个理由支持），但它不是一个论证，因为它的目的并不是说服。

一旦学生开始养成给出理由的习惯，我们就可以让他们考虑他们给出的理由是否支持他们的结论（观点），以及理由有多强：

论证:汽车应该被禁止,因为它们排放危险的温室气体。

挑战:应该禁止所有排放二氧化碳的东西吗? 例如,宠物、农场动物、人?

92　　请注意,挑战不是同意或不同意,而是**质疑理由的有效性**。

"批判性"(Critical)来自希腊语单词 kritikos,意思是"能够做出判断"。

来源:在线词源词典(www. etymonline. com)。

完整解释:1583 年来自批评家(*criticus*)这个单词,*kritikos* 这个单词最早来自 Gk 对单词 *krinein*(分离、决定)的解释的判断。这个英语单词总是带有"审查者,吹毛求疵者"的意思。从这个意义上说,批判性(Critical)这个单词具有这种意义是从 1590 年开始的;1649 年时学者认为这个单词含有"危机的性质"的意思。

因此,判断学生是否在进行批判性思考,一个很好的经验法则是,根据现有的证据和论据,来判断他们是否在做出自己的判断,或者他们是否只是简单地提出了公认的观点。

创造性思考

考虑到爱德华·德博诺已经写了大约 80 本关于创造性思维的书,我不可能在这一节中对如此广泛的领域做出准确的解释。不过,这里可以给大家列出几个要点和建议。

暂停逻辑

创造性思维最好的出发点之一是暂停逻辑和推理,想出一些新的想法,然后从其中任何一个或全部中寻找价值。

例如:

1. 设想:考虑建立一所没有教室的新学校(这看起来不符合逻辑,因而有些愚蠢,但为了创新,我们需要超越常规)。

2. 可能性:可协商的空间,可移动的墙壁,学生们每年都以新的方式创建得教室,户外空间使用得更多,改变课程时间以适应空间。

3. 价值:加强无线技术的使用,提高教学的可见度,学生学会更多地协商,增加使用图书馆等社区设施的动力。

挑战规范

一些有效的鼓励原创性思维或德博诺所称的横向思维的方法包括:

1. 随机输入:随机选择一个单词(例如,树),并将该对象的性质应用于你正在考虑的主题(例如,教学)。

93

2. 暂停或质疑:假设(如教学由教师完成)、约束条件(如教学仅仅在学校发生)或必需的事物(如学校里需要教师)。

以这种方式,你开始探索,然后,评估缺乏这些品质的环境的可能性。

合作性思考

以下是一些有用的短期活动,通过这些活动可以发展合作性思维,帮助学生准备好成为探究性团体的一部分。

1. 站起来:围成一个圈。一个人站起来,说"一",然后站着。下一个人站起来,说"二",而且仍然站着。直到所有人都站起来。挑战在于,人们站起来的顺序应该是随机的,如果两个或更多的人试图同时站起来,那么每个人都需要坐下,游戏重新开始。

2. 重复:让一小部分学生就某个特定的话题展开一场辩论(见第 90 页的批判性思考),然后让其他学生重复他们所说的话。这项活动可以成对进行,也可以在全班同学面前进行。

　　解释：让另外三到四个学生进行一场论证，但这次让其他学生解释一下所说的话。与第一组学生核对是否准确。

　　构建：一旦学生发展了他们的解释能力，就接着要求他们通过提供额外的理由来补充其他人的论点。

　　挑战：最后，让学生通过测试他人的结论，质疑他们的理由或提出反论点来挑战对方的论点。

　　　　左思右想，低思高远。哦，只要你努力就能想出办法！
　　［西奥多·苏斯博士（Theodor "Dr Seuss" Geisel），1904—1991］

关怀性思考

　　我发现沟通有一个主要障碍：人们的评价倾向。幸运的是，我还发现，如果人们能够学会理解地倾听，他们就能减轻自己的评价冲动，并大大改善与他人的沟通。

　　　　　　　　　　　　　　　　　　　　　　　　　（卡尔·罗杰斯）[72]

　　关怀性思考与考虑到他人并试图更好地理解他人有关。以下活动可以帮助学生"理解地倾听"。

澄清和回应论点（学生三人一组）

　　1. 学生 A 描述他们对特定主题的想法/论点（3 分钟）。

　　2. 学生 B 和 C 提出澄清性问题（2 分钟）。

　　3. 然后，学生 B 和 C 讨论他们认为学生 A 表达的意思，以及他们的回应。学生 A 在这个过程中只听（3 分钟）。

　　4. 学生 A 现在通过澄清或提供额外信息/论据（2 分钟）做出回应。

　　5. 学生 B 和 C 集体讨论对学生 A 的论点的回应，识别论点的优势并预见其他人听到后会如何回应。

在课堂讨论中进行干预，帮助学生理解地倾听

1. 学生 A 提出论点或意见。

2. 老师问其他学生："有人认为自己知道学生 A 想说什么吗？"然后让任何说"是"的人解释他们对论点的理解。

3. 学生 A 会被邀请对此做出回应，如有必要，给出额外的细节或不同的解释。因此，重点在于理解（和关心）他人所说的话，而不是过早地说同意或不同意。

思考的十大 FACTS

1. 主要有两种思考方式：常规思考和内省思考

常规思考是我们在完成对我们来说很容易的任务时几乎是下意识地做的事情，而内省思考包括思考我们行为的后果，并决定我们如何思考或做什么的影响因素的重要性排序。

2. 思考技巧只占布卢姆教育目标分层法的三分之一

布卢姆[73] 认识到了性格和精神运动反应以及倾向于被引用的高阶和低阶思考技能的重要性。因此这表明，任何思考程序都应该在技能、态度和性格之间保持类似的平衡。

3. 思考能力在考试中受到测验

95

大多数考试中的前几个问题需要直接的事实答案，而后面的问题则测试思考能力，比如推理、解释、比较和对比——而且它们会占据更多的

分数。

4. 尽管如此，许多学生不需要深入思考就能完成任务

尽管有些学生因为已经学会了记忆和重复而能够在课堂上取得成功，但仍然需要通过挑战性的学习来培养适当的态度、技能和知识。

5. 批判性思考来自希腊语 *kritikos*，意思是"能够做出判断"

判断学生是否在进行批判性思考的一个好方法是根据现有的证据和论据，确定他们是何时做出自己的判断的，而不是简单地提出公认的意见。

6. 论证是批判性思考的基础

在批判性思考中，论点是指：（1）目的是要有说服力，（2）有结论，（3）至少有一个理由支持。如果没有这三个方面，一个陈述就不会被认为是一个论点；它可能是基于未经探索的假设的偏见或意见分歧。

7. 认知冲突激发学生思考得更多

认知冲突是指在学生的头脑中形成的一种意见冲突。这种冲突使学生的思考更活跃和深入，并有助于他们开发资源（技能和性格），以备将来使用。

8. 认知冲突培养了学生道德的指南针

我们通过鼓励学生思考自己的认知冲突来培养他们的理性判断能力。这反过来又有助于培养进行道德决策的习惯，而不是道德服从。

9. 创造性思考往往依赖于逻辑和理性的暂停

激发创造性思考的最好方法之一是暂停逻辑和推理，创造新的想法，然后对其进行评估。这使得人们可以更自由、更广泛地探索新的想法。

10. 合作性和关怀性思考是平衡的思考课程的必要特征 96

独立思考是教育的一个重要成果，但相互依赖的思考也是如此，特别是考虑到当今社会存在的社交网络。因此，发展合作性和关怀性思考的方法，如探究性团体，是思考课程的关键。

第六章　自尊

> "玉不琢，不成器，一个人在不断完善的过程中也需要挑战。"
>
> （中国俗语）

自尊和自我效能

尽管绝大多数定义都贯穿着一条主线——我们如何欣赏和评价自己，但对自尊的定义还是有很大的差别。

自尊可被分解为：

- 我对自己的珍视程度
- 我对自己的技能和能力的自信程度
- 我是否认为我能掌控自己的生活
- 我相信自己能够达到目标的程度

尽管有时"自尊"被认为是一种现代的迷恋，许多专家却认为这个词早在 1657 年就被约翰·弥尔顿（John Milton）首次使用。也许最著名的自尊测量工具是 20 世纪 60 年代中期莫里斯·罗森伯格（Morris Rosenberg）开发的罗森伯格自尊量表（Rosenberg self-esteem scale）。[74]

在 20 世纪 70 年代，斯坦福心理学家艾伯特·班杜拉（Albert Bandura）描述了一种名为"自我效能"（self-efficacy）的特质，即"一些人坚信他们拥有成功所需的一切不可动摇的信念"。自尊是一种用作描述自我

价值的感觉，与其不同，自我效能则是一种对一个人是否具有走向成功的特定能力的判断。有趣的是，发展自我效能的一个关键部分是失败。根据

班杜拉的理论,"人们需要学习如何管理失败,这样它才能提供信息而不是令人丧失信心"[75]。

> 在我的职业生涯中,我超过9000次投篮失败。我输掉了近300场比赛。有26次我被信任能投出决胜的一球却失手了。在我的生活中我一次又一次,一次又一次地失败了。但那就是我能够成功的原因。
>
> [迈克尔·乔丹(Michael Jordan),1963—]

马斯洛的需求层次

如果不关注马斯洛的需求层次理论,对自尊的探索将是不完整的。在1943年的论文《人类的动机理论》(*A theory of human motivation*)中,亚伯拉罕·马斯洛提出了一种五个水平的基本需求,见表6.1。

表 6.1 马斯洛的需求层次理论[76]

当需求被满足时	需求	当需求不被满足时
认同感、成长和发展	自我实现 实现自我潜能的动机	烦躁、缺乏成就感和厌倦
自我尊重的感觉、自信、慷慨和协作	尊重 自尊:内在力量、自我信任、独立和自由 尊重:渴望认可、名望、声誉和关注	害怕批判和失败,感到自卑、挫败和嫉妒
感到被爱、信任和联结	爱/归属感 给予和得到爱和关心的需要;拥有容身之所和人际关系	感到孤独、排斥和对"外人"的敌意

马斯洛认为,一个人在第一层级的需求(生理需求)没有得到满足时,不会有第二层级的需求(安全需求),而第二层级未得到满足时,也不会有

第三层级的需求,如此类推。

在尊重水平上,他特别提出了两种版本:低水平的和高水平的。低水平的尊重是需要别人的尊重、地位、认可、名望、声誉和关注。高水平的尊重是对自尊、力量、能力、控制、自我信任、独立和自由的需求。除此之外,一个人还需要理解、审美认可和精神需求等品质。

马斯洛的理论模型是否反映了真实的生活尚无定论,特别是考虑到世界上许多精神领袖同样也是最穷的人,拥有着最低的生理和安全水平。然而,就它正确地将自尊置于人类的其他需求的层级而言,这是一个有用的模型。

自尊的两面性

在我看来,自尊是成功与失败间的一种平衡;它是一个人认为自己已经/将会多么成功以及认为自己曾/会如何应对挫折和失败的一个结合。基于这个意义,它更像是一个两面的硬币,见图 6.1。

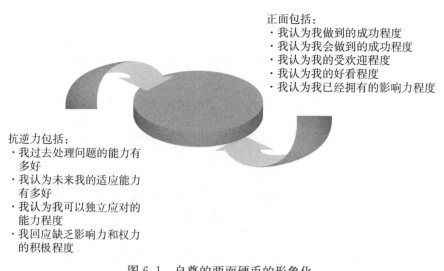

正面包括:
· 我认为我做到的成功程度
· 我认为我会做到的成功程度
· 我认为我的受欢迎程度
· 我认为我的好看程度
· 我认为我已经拥有的影响力程度

抗逆力包括:
· 我过去处理问题的能力有多好
· 我认为未来我的适应能力有多好
· 我认为我可以独立应对的能力程度
· 我回应缺乏影响力和权力的积极程度

图 6.1　自尊的两面硬币的形象化

如果自尊真的类似一个两面的硬币,那么这就暗示了我们要如何称赞学生。如果我们只是帮助他们成功,并赞扬他们的成功,那么他们将挣扎地发展他们硬币中弹性的一面。同样地,如果儿童仅体验失败和问题,那么他们则会灰心丧气。

在《自我理论》(*Self-theories*)的简介中,卡罗尔·德韦克指出了这点:

你也许觉得技巧精湛的学生会享受挑战,在面临挫折时不放弃。但许多这样的学生反而是最担心失败,最有可能怀疑自身的能力,并在遇到障碍时丧失自信、萎靡不振的人。[77]

这就是为什么这本书中设计的课程方案和学习智矿模型让学生做的事情变得更难而不是更简单。其设计目的不仅是帮助学生学习如何成功,还在于帮助其学习如何应对学习上的挑战和困难,使得他们在克服这些障碍的过程中发展出或许他们原本认为自己没有的抗逆力和坚韧。

100

图 6.2　(左)测验卷,(右上)皇家军事学院,(右下)拒绝信

关于用学习坑模型发展自尊的进一步信息,请参考从第 111 页开始的模型第二阶段。

"成功是不断失败而不丢失你的热情的能力。"

（温斯顿·丘吉尔）

用赞扬建立自尊

在 2020 年 9 月，我在特威德河畔的贝里克参与了一个社会重建项目，旨在改善该区域儿童和年轻群体的教育与社交成果。我们将这个项目命名为"在学校树立志向"（Raising aspirations in school, RAIS），想着如果我们能够推动自尊和志向的增强，那么教育成果则必然会得到改善。我们获得了一定程度的成功；我们的项目成长为了一个数百万英镑的项目，与家长、社区以及学校一起合作。然而，我们的成功或许更多是因为在贝里克教学社区中的项目协作，以及 P4C 的使用，而不是我们在自尊方面的工作。

尽管我们在自尊方面的努力使我们获得了一些成功，但它受到了我们天真的想法的限制，即更多的表扬和帮助儿童成功将提高其自尊。直到我们阅读了卡罗尔·德韦克的作品，我们才意识到赞扬不一定总是有用的，成功也不一定是促进自尊的最好方法。

在她的《自我理论》和《思维模式》两本书中，斯坦福大学的心理学教授提到称赞学生总是得到满分或许会有负面影响，因为他们更可能在遭遇失败时变得极度不安，或至少是沮丧气馁——这会导致对风险的回避，并偏爱较容易的选项。

101　　父母过度称赞他们的孩子也会造成类似的问题。例如，他们或许会告诉他们的孩子他/她是最好的运动员，或者能够很聪明地整理房间，但当孩子没有赢得一场跑步竞赛或者没有整理他/她的房间时，他/她可能就不会再感到自己是有才能的或者是受到重视的。更多这类问题的例子在第102 页有介绍。

> 在简单任务上赞扬孩子的表现，在他们快速、完美地完成某事时告诉他们这样做很聪明变成了一个常见的做法。当我们这样做时，我们没有教导他们去欢迎挑战，以及从错误中学习。

　　我们在教他们，简单的成功意味着他们是聪明的，而错误和努力则意味着他们并不聪明。

　　如果学生获得了简单的成功并走过来等待表扬，我们应该做什么？我们可以为浪费了他们的时间而道歉，引导他们去做更具挑战性的事情。

　　通过这种方式，我们可以开始教导他们，有意义的成功需要付出努力。

（德韦克，2000）[78]

为了克服过于容易得到表扬可能带来的问题，我习惯让学生进行预测试（pre-tests）。例如，当我每周都需要进行拼写测试时，我会在周五下午给他们一组词，5 分钟后就进行测试。当然，许多学生对此表示不满，但我想说的是，预测试的目的是帮助我为每个人设置具有恰当挑战性的家庭作业，这样就没有人浪费时间完成简单的任务了。例如：

五年级学生下周要学习的拼写

体贴
理解
决定
创造力
感叹
争吵
健忘
记忆
信念
智慧

使用预测试来确保表扬是可信有用的

1. 允许所有学生去学习这一组词。

2. 在 5 分钟后就给予一个预测试。

102　　3. 如果有学生在这次预测试中得了 7—10 分，为浪费他们的时间进行道歉，并告诉他们你会给他们再找一组词，这对他们来说是一个更恰当的挑战。（注：如果我认为一些学生为了避免更难的词语而故意拼写错误，我会建议他们学习低年级学生的词语，因为他们不喜欢学习。他们总是拒绝这个"提议"！）

4. 如果学生能正确拼写 10 个词语中的 3—6 个，就确认这些是他们接下来一周需要学习拼写的词语。

5. 确保任何在 10 个词语中能正确拼写的不到 3 个的学生得到他们将来学习这些拼写和其他拼写所需要的指导。

不幸的是，滥用赞美是普遍的；这似乎是家庭和学校生活的共同特征。下面我们来看这些常用的表扬方式，以及它们的对应问题。

- 在一个孩子独自游了一小段距离后说"你游得很棒"。
  潜在问题：孩子不再前进一步，认为自己已经掌握了这项技能。
- 不具体的表扬，如"做得好！"或"很棒！"
  潜在问题：孩子不知道什么行为受到了表扬。例如，我经常问孩子们"良好的聆听"包括什么，我经常得到的答案是手指放在嘴唇上和坐得笔直！
- 当父母和他们年幼的孩子比赛时，他们总是让孩子赢。
  潜在问题：当孩子在学校时，他们可能会发现接受自己不能赢得每一场比赛是很难的。
- 年轻孩子在玩电脑游戏时，即使只是完成很简单的任务也会受到过高的表扬。
  潜在问题：玩家更喜欢简单的关卡，而不是冒着失败的风险选择难度较高的关卡。

- 每次孩子在任务或测试中得到满分时教师就进行表扬。

  潜在问题:学生正在认识到,他们更可能因为做对每件事而得到表扬,即使这是一个简单的测试,而不是在一个更具挑战性的测试中进行尝试但没把事情都做对。

举一个世界各地的学校普遍存在的例子:所谓的"天才"学生因为聪明而得到所有的赞扬;所谓的"特殊需要"儿童得到额外的表扬是因为我们同情他们,并相信告知他们是可爱的、很棒的人可以提升他们的自尊;而所谓的"普通"孩子经常因为他们"做得还不错"而被忽视。

103

"天才"儿童

- 因为表现突出而得到老师和同龄人的认可。
- 经常获奖,担任学校或班级干部,令同伴羡慕。
- 他们很想躺在过去的荣誉上,因为无论如何他们都将是"最好的"读者。

"普通"儿童

- 他们常常因为既不聪明也不努力而被忽视。
- 经常被告知他们"做得还不错"。
- 他们阅读能力很好,但被告知应该努力向"天才"儿童学习。
- 真的希望得到更多表扬,但意识到他们需要非常出色或有"特殊需要"才能得到。

"特殊需要"儿童

- 得到许多鼓励。
- 经常被告知自己很有才华(以增强自信心)。

■ 阅读水平不高,但确信自己是"好"读者(这削弱了其他更熟练的读者也是好读者的说法)。

赞扬的问题往往很早就开始了。在图 6.3 中,你能看到 4 岁半的本(Ben)为他母亲画的两幅画,而他的母亲恰好是一名美术老师。第一幅画是本花了 40 分钟,经过深思熟虑和仔细绘制才完成的。画上是他和他的父亲在当地诺森伯兰郡的海岸线上钓鱼的场景。当他向母亲展示这幅画时,母亲表扬了他的杰作,并把它挂在了厨房的墙上。

不到 5 分钟,本拿着第二幅画回到厨房,让妈妈把它挂在第一幅画的旁边。在某种意义上,表扬是很好的,因为它鼓励了本去画另一幅画,但请注意,第二幅画的质量相比于第一幅则有所下降。

母亲对他的表扬似乎无意间把他的注意力从因为对绘画的热情而参与活动,转移到了因为对表扬的追求而快速地完成另一份画作。

不久前我的家里也发生了一件类似的事情。那时我 2 岁半的女儿正在随着音乐跳舞,而她的祖母正好进来了(就像她每天做的那样),立刻为她的舞蹈鼓掌。艾娃(Eva)显然很享受这个表扬,也为自己鼓掌。然而,因为她停止跳舞为自己鼓掌了,她的祖母也停止了鼓掌——因为现在没有表演需要鼓掌了。在享受了表扬后,我的女儿又跳了两三秒,便示意她的祖母再次鼓掌,而祖母照办了。因此,尽管祖母每天都在打破和逐渐养成习惯,但还是很溺爱艾娃——已经相当无意地将注意力从活动的乐趣转移到了受表扬的乐趣上。

104

图 6.3　4 岁半的本的画作

虽然这些事情可能只出现一次,但存在一种危险,即使本和艾娃形成选择参与他们可能得到外在表扬而不是从活动本身感受到内在快乐的活动这种行为模式。

以本为例,他的母亲的第一反应是挺好的:"哇,这个画太美了！我喜欢你为船画的直线,还喜欢你把太阳画得五颜六色。我们一起把它挂到墙上。"不过,在表扬了第一幅画后,她可以建议本下次尝试一些不同的东西,这样他就知道发挥自己的才能,而不是再次做同样的事情,可以得到更多的表扬。

然后,如果本 5 分钟后拿着第二幅画回来了,他的母亲就可以说:"这很好,本,但我以为你要尝试一些不一样的东西。这样吧,你为什么不把船剪下来贴在一些卡片上？然后你可以把它们放在一个沙盘里,建造一个海滩场景。我很想看你试一试。"这样他就不会因为母亲的热情下降而感到太惊讶和失望。

对一些人来说,这似乎是我在暗示本的母亲成为一个"强势的家长",但这不是我的本意。相反地,这个想法是要鼓励本尝试新事物和锻炼自己,这比一遍又一遍地做着相同的事情更能受到赞扬。

对于艾娃和她的舞蹈来说,更好的选择不是简单的鼓掌,而是站起来和她一起跳舞,这样可以说明特别的是对舞蹈的享受,而不是舞蹈可能带来的赞扬。也就是说,下一次我们这样做时,我们发现自己跳了一个多小时的舞,比在掌声中要好得多。

需要注意的是,这些建议与学校经常使用的"两颗星和一个愿望"这种常规不一致。这种常规试图确定两件孩子做得好的事以及一件在每个部分都需要改进的事,与此不同的是,我认为有些事物实际上本身就已经够好了。然而,当涉及下一项工作时,学生可以尝试一些稍微不同的,以便他们继续学习和取得进步。

如果你浏览了最后几页,你可能会得到我认为表扬是一件坏事这种危险的印象。这与事实相去甚远。赞扬是人际交往中非常愉悦和必要的一部分。然而,对于赞扬也有一些该做和不该做的事情,包括:

图 6.4　"很棒的努力，亚里克斯！儿子，现在你可以多想想自己的姿势，尝试抬起你的头，伸出你的下巴，然后背部向前伸展。"

赞扬应该是可信的

当学生与其同伴都知道她与同龄人相比阅读能力不强时，说她是一个好读者是毫无意义的。这样做不仅会导致她可能拒绝这种"怜悯的表扬"，也会降低你对其他学生的表扬的可信度。然而，我们可以，也应该表扬学生的努力和进步。

例子：

"苏米塔，你跟上周相比在阅读方面有了不同，这是多么好啊。"
而不是"苏米塔，你是一个优秀的读者"（尤其是 12 岁的苏米塔在阅读一本针对 6 岁儿童的书时）。

赞扬应该培养一种成长心态

基于 45—48 页所述的固定和成长型思维理论，我们的赞扬应旨在为每个孩子建立成长心态；也就是说，我们应该以表扬学生的努力、勤奋、坚韧和愿意面对挑战为目标，而不是因为他们做对了一些事，尤其是简单的事情而表扬他们。

例如：

"干得好，朱莉！我真的很佩服你尝试了更具挑战性的选择，看看你从中学到了什么！做得真好。"

而不是"做得好，朱莉。你做对了所有事；我为你感到骄傲"（朱莉为了获得更多的成功机会而选择了简单的选项）。

赞扬需要具体

在表扬的时候给出尽量多的细节。例如，表扬一个特定的行为而不是孩子（就像我们应该关注负面的行为而避免给孩子贴上负面的标签一样）。

例如：

"很棒，萨姆，谢谢你转过头，给我眼神接触，还很专心听讲。"

"很棒，萨姆，谢谢你。"（原因是其他学生可能认为被表扬的、被重视的是萨姆把手指放在嘴唇上，而不是他认真听讲的事实。）

赞扬应注重行为而不是能力

107

这已经足够直白了，但是，根据我的个人经验，要称赞孩子的行为而不是他们的能力是非常困难的。例如，说"跑得好"而不是"擅长奔跑"或"读得好"而不是"擅长阅读"。

例如：

"跑得很好，汤米。"

而不是"你真的很擅长跑步，汤米"。

赞扬个人进步而不是把一个学生和另一个比较

为了获得积极的结果，赞扬应该关注学生取得的进步，而不是他或她的表现或能力与别人相比如何。

例如：

"你进步真大，萨姆。上次我听你读书时，你的速度有点慢，但现在你的阅读节奏真的很好。"
而不是"做得好，萨姆。你现在几乎和穆罕默德一样好了，坚持下去"。

自尊的十大事实

1. 自尊影响学习

尽管确定自尊与成就间的因果关系几乎是不可能的，但看起来很明显的是最好的学习者有着高自尊，而那些最差的学习者自尊心就很低。

2. 自尊有抗逆力的一面

学生的自尊不是仅依靠于相信他们已经或将要成功，它同样依靠于知道自己可以应对挫折和失败，是有抗逆力的学习者。

3. 自尊和挑战：先有鸡还是先有蛋？

为了发展高水平的自尊，学生需要知道他们可以克服困难，但除非他们拥有高水平的自我信任，否则他们往往都不愿意应对困难的情形。

4. 自尊中的内在力量是比名望或声誉更高级的形式

根据马斯洛的需求层次理论，自尊的低级形式包括被别人认可、地位甚至是名望，而高级形式则包括内在力量和独立的思想。

5. 认可通常是通往自尊高级形式的第一步

108

马斯洛识别的所有人类需求中，从一个到另一个有一个向上的路径。这说明学生需要先被同伴和教师认可和看重，才能够建立他们自身的内在力量，并逐渐相信他们自己。

6. 赞扬显著影响自尊

恰当的称赞以及反馈将帮助学生认识到他们的成就是被认可的，反过来，这会帮助他们建立自身的自尊基础。

7. 赞扬决心、努力和付出

如果我们一直称赞学生做对事情，但不管挑战的水平，那么他们收到的信息就是比起成长和学习的意愿，我们更重视正确的答案。相反地，我们应称赞的是努力和付出。

8. 有天分和才能的学生常常拥有脆弱的自尊

你也许觉得技巧精湛的学生会享受挑战,在面临挫折时不放弃。但许多这样的学生反而是最担心失败,最有可能怀疑自身的能力,并在遇到障碍时丧失自信、萎靡不振的人。

(卡罗尔·德韦克,2000)[79]

9. 间接的赞扬有时是有效的

如果你希望学生得到提高,就让他们无意中听到你对别人说起的关于他们的好话[吉诺特(Ginott),2004][80]。这样做时,你就减少了他们怀疑你的表扬是虚假的可能性。

10. 自尊是生发的,不是给予的

在我的职业生涯中,我超过 9 000 次投篮失败。我输掉了近 300 场比赛。有 26 次我被信任能投出决胜的一球却失手了。在我的生活中我一次又一次,一次又一次地失败了。但那就是我能够成功的原因。

(迈克尔·乔丹,1963—)

第七章　学习坑

> "我从来不教我的学生，我只是试图给他们提供学习的条件。"
>
> （阿尔伯特·爱因斯坦，1879—1955，诺贝尔奖获得者，被认为是现代物理学之父）

在20世纪90年代初，我创建了一个四步探究过程（概念—冲突—建构—仔细考虑）（Concept-Challenge-Construct-Consider），用于我当时所教的课程。然后在2003年，我偶然发现了巴特勒和爱德华兹的作品，他们描述了在转型变革时期经历一个"坑"的过程。我喜欢这个比喻，并和我的学生们一起，加上了"4C步骤"（Concept-Challenge-Construct-Consider）来创建我称之为"挑战性学习"的内容，这是在约翰·爱德华兹博士的祝福下完成的。

从那时起，挑战性学习开始在世界各地的课堂上被使用。在推特（Twitter）上可以快速浏览。唯一没有被大家采用的是名字：人们倾向于把我的模型称为学习坑（Learning Pit），尽管我称其为挑战性学习（Learning Challenge）。所以，在这个章节中，我将重点介绍学习坑。这一章将告诉你所需要知道的一切。

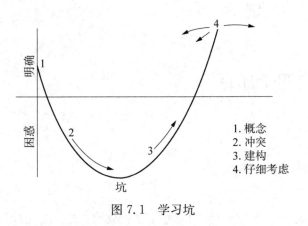

图7.1　学习坑

学习坑：成功的条件

学习坑是我用来向学生解释为什么我比他们预期的更具挑战性的模型。它也是教学目标模型的一个学生友好版本（见第 53—58 页）。然而，在深入探讨该模型之前，我想提醒你注意我的基本假设：

1. 当老师感到好奇并对他们有关世界的知识不确定时，学生对学习更感兴趣。因此，学习坑假设了一种困惑和好奇的意愿。

2. 我们都容易犯错。学习坑假设教师愿意承认，甚至吸引学生注意到自己的错误。

3. 通过参与引导式探究，学习将得到加强。

4. 深度学习来自对一门学科中思想之间的关系的理解。

5. 知识、理解、技能和态度超越学校学科的范畴。因此，需关注所学内容的可迁移性和联通性。

6. 参加学习坑课程的每个人都应该以变得深思熟虑、学会反思理性和支持为目标。

7. 虽然大多数涉及学习坑的课程都会形成对于什么答案是"正确"的一致意见，但也有一些例外，尤其是哲学问题，是不可能得到一个正确答案的。但是这并不意味着经验会变得无效，因为共同探究、给出理由和反思的过程才是学习坑的核心。

学习坑的四个阶段

第一阶段：概念

学习坑从一个概念开始。概念可以从故事、文章或照片等刺激因素中引出，也可以由课程直接决定。只要大多数学生对这个概念有了基本的理解，那么学习坑就可以实行了。可以从 128—134 页的各种概念的例子中找到合适的概念。

至于教孩子们在自发成长中还没有掌握的概念，那是完全没有用的。

（让·皮亚杰，瑞士心理学家，其研究重点是认知发展的各个阶段）

第二阶段：冲突

一旦概念达成一致，教师的责任就是在学生的头脑中制造认知冲突。正如 86—90 页所述，当人们的头脑中至少有两种观点，他们对于两种观点都同意，但这两种观点又相互冲突时，认知冲突就会产生。引发认知冲突的策略可以在第 59—64 页找到，后面有冲突的例子。

第三阶段：建构

一旦学生们对他们的概念进行了一段时间的探索（这可能是几分钟、几个小时甚至几天，这取决于概念和你的目的），他们中的一些人就会为这个概念构建一个合理的理解。这些学生被期望去帮助其他学生建立自己的理解。

第四阶段：仔细考虑

最后阶段鼓励学生反思他们的思考在整个课程中是如何改变、适应、透彻地理解和/或构建的。思考自己的思考方式，或者说元认知，是学习过程中的一个关键因素。学习坑提供了一个参考框架，帮助学生构建这种元认知反思。

在行动中践行学习坑

下面是一个关于 7 岁儿童使用学习坑的前两个阶段的例子，紧跟着的

111

是一个 14 岁儿童的例子。这两个对话都反映了我最近几个演示课程中真实的讨论。

7 岁儿童使用学习坑

数字 2、7 和 8

教师：哪个数字和另外两个不同？为什么？

安德鲁：7，因为它是个奇数。（1）

教师：什么是奇数？

卡罗琳：不能被 2 除的数。

教师：那么，如果我有 7 英镑，你是说不能除以 2 吗？如果我把 7 英镑分给两个人，每人会有多少钱？（2）

夏洛特：每人 3.5 英镑。

詹姆斯：那么，7 可以除以 2。那是不是意味着它是偶数？（2）

塞奇：不！

教师：那么，什么才是奇数？

塞奇：能被 2 除并且没有余数。

教师：但当我把 7 英镑除以 2 时，没有留下余数。

丹尼尔：但是 50 便士不是一个整数。你不能把一个奇数除以 2 而不拆分一个整数。

教师：你是说 50 不是整数吗？（2）

苏妮塔：50 便士不是。

教师：这个（拿着 50 便士）不是整数吗？为什么不是？在我看来它是整数。

苏妮塔：但它不是 1 镑。是 1 镑的一半。

教师：那么，奇数是什么？

本：它是一个不改变单位就不能除以 2 的数字。（E）

教师：你能给我举一个例子吗？

本：如果我有 7 镑硬币，我就得先把其中一枚一分为二。

教师:这是不是意味着一个奇数我要把它分成两半,这样我才能分享它?

本:是的。

教师:但是如果我有一张 10 英镑的钞票呢? 我得把它一分为二才能分享它是吗? 这意味着 10 也是一个奇数吗?

本:嗯······

注释:

(1):确定概念

(2):开始挑战

(E):发现时刻(见第 118 页)

14 岁儿童使用学习坑

教师:什么是勇气? (1)

乔尼:勇敢。

教师:好吧,那么"勇敢"是什么意思?

萨拉:面对你的恐惧。

教师:但是,如果我害怕穿过高速公路,但仍然穿过了,我是勇敢的吗? (2)

埃莉:不,那太愚蠢了。你必须做对的事才是勇敢。

教师:例如杀了某人?

凯尔:那是不对的。

教师:但是,许多士兵因勇敢而被授予勋章,其中许多人杀死了敌人却被称为"勇敢"。(2)

凯尔:是的,但那是他们的工作。

教师:所以,如果我做我的工作,我是勇敢的吗? 我现在在做我的工作——这是不是意味着我很勇敢? (2)

维杰:不,你没有在做你的工作,你只是在设法使我们感到疑惑。

113

[询问维杰为什么觉得设法使他感到疑惑(或是挑战他)不是教师的工作是非常诱人的,但是我想要继续这个话题。]

教师:所以,如果你只是在做你的工作,那么你就不算是勇敢,对吗?

莫莉:那消防员呢? 他们很勇敢。我爸爸是一名消防员,他所做的就是坐着玩电脑游戏。

教师:但你爸爸大概也会在别人求救的时候救人和灭火。

莫莉:当然!

教师:那么他勇敢吗?

莫莉:我想是的。

教师:谁能告诉我莫莉爸爸的工作就意味着他必须勇敢地去救人和灭火吗?

本:他把别人的生命放在自己的前面。

教师:好的,但大多数母亲似乎把孩子的生命或者至少是孩子的快乐,放在自己的生命之前。这是不是意味着她们很勇敢? (2)

瑞秋:不,她们很愚蠢,为什么为了孩子放弃一切呢?

教师:又出现了一个词"愚蠢",在我看来好像勇敢就是愚蠢,这对吗?

学生们:不对。

教师:那么勇敢到底意味着什么呢?

学生们:你为什么不告诉我们?

这些对话的解释见第 113 页。

注释:

(1):确定概念

(2):开始挑战

"我不能教任何人任何东西。我只能让他们思考。"

（苏格拉底,希腊哲学家,公元前 469—公元前 399）

对话解释

关于"奇数"和"勇气"的对话反映了在示范课上与学生进行的真实讨论。在这两种情况下,我们做的第一件事就是确定一个关键概念——在每个例子中都用(1)标记。在第一个对话中,他们选择了"奇数";在第二个对话中,我选择了"勇敢"。在完美的情况下,学生将会自主选择每个概念,但是,在课程教学中,学生和教师的选择之间的平衡是可以预期的。

一旦确定了这个概念，我就试图通过建立认知冲突来"延伸"这个概念，在每个例子中都用(2)来标记。为此，我使用了第59—64页描述的摇摆器。

请注意，和所有摇摆器一样，我的目的不是得分，也不是证明学生们错了——远非如此。相反，我试图挑战他们第一个简单的答案，这样他们就需要重新思考，更多地反思，更加努力。在我对这本书的介绍中，我谈到了摆脱"导航员娜塔莉"的教学方法（第1页）。

按照这个比喻，我在这里所做的就是给我的学生设置障碍，阻断他们的正常路线，让他们必须找到另一条路。我并不是说他们的正常路线是错误的（毕竟，我们普遍解释奇数是不能被2除的）。相反，我说的是"这条路线是可以的，但现在我要阻断它，以便我们可以找到替代的、更严谨的解释"。

许多老师问我，为什么我们试图给学生们的答案设置阻碍，而不是说能找到另一种方式解释的正确答案？我的回答是，当学生找到一个答案时（例如，奇数是不能被2除的数字），他们很少倾向于寻找另一个更全面的答案。反过来他们会相信"这个答案是正确的，不需要再改善"。所以，从某种意义上说，这种设置阻碍的教学方法是暂时"打破"答案，让学生感觉更需要"改善"答案。

下面是关于学习坑更深入的研究。

第一阶段：概念

学习坑从概念开始。它可以从课程中抽离出来。只要大多数学生对这个概念有了基本的了解，那么就可以使用学习坑了。在第128—134页可以找到各种合适的概念的例子。这一阶段的重点是：

1. 熟悉的概念

学习坑的第一阶段开始于清晰/混乱界限之上，而不是之下。除非学

114

生对这个概念的含义有所了解，否则在第二阶段建立认知冲突是非常困难的，甚至是不可能的。例如，试图与幼儿建立关于"离心力"的认知冲突是没有意义的，因为他们对这个概念没有了解，更不用说建立两个相互冲突的概念了。

也就是说，学生们确实可以理解很多概念，这些概念在一定程度上是他们的教师无法理解的。如果我们让概念重新回到基础上，情况则尤其如此。

例如，许多小学生似乎不知道如何正确使用 30 厘米长的直尺，但是如果我们发现问题出自他们总是不能从零刻度线开始测量，那么基本概念就会变成"总是从同一点开始"或"公平地测量"。这样一来，5 岁以下的学生就可以理解这一概念，因为他们都相信，例如，赛跑时只有所有参赛者都在同一地点开始比赛，比赛才是公平的。这就提供了一个挑战其公平观念的机会，直到他们积极地宣称每次测试、比赛或测量都必须在同一地点开始，否则就不公平。在这一点上，即学习坑的第三或第四阶段，我们可以告诉学生，这个公平的测量起点被称为"零"。之后，他们每次都从零开始测量。

2. 确定概念的不同方法

(1) 提取

经验丰富的老师知道他们自己学科的关键概念。但是，在使用学习坑时，这并不一定会使在合适的场合选择合适的概念变得更容易。这就是为什么采用关键方法（见第 84 页）来确定关键概念是最有效和积极的方法之一。从本质上讲，这意味着课程从故事、手工艺品或图形开始，将学生的思想引导到特定的概念；例如，在"梦"这一节课（见第 127 页）中课程从狗做梦的动画片开始，或是"奇数"（见第 113 页）这一课中课程从一组数字开始。在本书后面的课程计划中，我推荐了一系列可能会用到的刺激物。

(2) 使用课程特定的概念

如果时间很短,或者觉得需要将学生的注意力集中在一个特定的概念上,那么你可以自己选择这个概念。我建议你仍然使用刺激来激活这个概念,但是从本质上来说,你可以根据你的目的、工作计划或学习意愿来选择这个概念。在第 128—134 页上,有一个从 A 到 Z 的概念列表,你可能会使用这个概念列表,以及用以开始学习坑第二阶段的推荐问题。

(3) 预告概念

确定关键概念的最佳方法之一是使用预告,第 42—44 页探讨了这个想法。这种方法提高了学生的主人翁意识,并为教师提供了时间思考如何更好地质疑和挑战学生对概念的理解。

第二阶段：冲突

学习坑的第二阶段是在学生的思维中引发认知冲突(请参阅第 59—75 页)。它与教学目标模式中的学习区域意义相同(见第 53 页)。要点包括:

1. 基本了解

116

这是一个关键因素。如果学生不了解该概念的可能含义,或对此概念没有任何了解,那么就不会产生认知冲突。这就是我在第一阶段中首先表达的意思,我指出学生需要熟悉概念。如果学生们连概念的基础都无法理解,那么试图建立认知冲突就毫无意义。这也是为什么我前面要提到不要试图证明学生的理论错误的重要性。如果这样做,那么就会出现难以引发认知冲突的危险。

2. 每个人的思想冲突

认知冲突是指在每个人的内部产生意见冲突。例如,如果询问小孩子罗宾汉是不是"好人",那么他们很有可能说"是"。这是第一个想法:"罗宾汉是个好人。"但是,如果接下来问他们,如果班上有人从超市偷东西,然后将所得捐给了穷人,那这个人是不是好人,他们通常的回答是"不是"。然后,这促使他们的思想里产生了第二个想法:"偷东西是错误的。"

正是这两种观点之间的冲突导致了认知冲突,这反过来又要求他们对问题进行更仔细和更深入的思考。

3. 引发认知冲突的多种方法

引发认知冲突的方法有很多。本书介绍的两种主要技术是摇摆器和脚手架(见第 59—70 页)。

图 7.2 "相信还是幻想"——"谎言还是秘密"?

其他技巧包括:

■ 使用同义词和反义词同其他概念进行比较(见第 128 页开始的从 A

117

到 Z 的概念）。

- 使用扩展问题来"延伸"特定概念的含义、用法和理解（见本书后面的课程计划示例）。
- 将一个概念与另一个随机选择的概念相碰撞。例如爱德华·德博诺挑衅性行动的观念[81]。

4. 在坑的底部培养生活技能

在第 34 页，我指出了一些最常见的老师希望学生持有的态度。包括应变能力、决心、专注力、冒险精神和积极的心态。这些态度是在我们面对挑战时形成的，比如在学习坑的底部遇到的挑战（见图 7.1）。

"那些难以忍受的事情，回忆起来是甜蜜的。"

［塞内卡（Seneca），罗马哲学家，公元前 1—65］

此外，重要的是要注意，学习坑的设计是一个协作练习，它并不意味着将个别学生留在一个没有其他人支持的坑里。事实上，鼓励学生在学习坑里互相帮助，或者引导学生走出学习坑，都会对学生的社会发展、同理心和合作产生重大影响。

第三阶段：建构

当学生们一起在学习坑的底部挣扎时，他们开始通过社会建构来创造答案。也就是说，他们通过对话构建了一个有效的定义或者是一种理解。第 111—112 页描述的 7 岁儿童的示范课提供了有关这方面的有效例子。我们在研究奇数，把自己深深地陷进一个坑里。然后其中一个男孩碰巧有"计算障碍"，他说："我知道了，它就像一双奇怪的袜子，不是吗？"

我让他进一步做出解释："我妈妈认为不管她在洗衣机里放多少只袜

子,拿出来的时候她总会得到一个奇数。"

"你什么意思?"我问。

"她把它们拿出来,晾干然后放在桌子上。她拿了一只袜子,把它和另一只放在一起,然后折叠起来。她一直这样做,直到最后还剩下一只袜子。奇数就是这样,不是吗?"

就在这时,三个刚从波兰来的孩子有了他们的发现时刻。因为对话发生得太快,到那时为止,他们对正在发生的事情感到有点茫然。

118

但当他们听到达伦描述他母亲的奇怪袜子时,他们立刻意识到了达伦在说什么。也许同样的现象在他们的妈妈洗袜子时也可以看到。

这段故事很好地描述了第三阶段的一些关键特征:(1)学生互相帮助学习;(2)通过社会互动构建的知识往往比老师放在盘子上端上来的知识更有意义;(3)从长远来看,通过发现学习的学生比通过直接被教给知识学习的学生更有可能记住信息;(4)这种富有挑战性的对话常常会引发发现时刻。

发现时刻在第118页有进一步的解释,简单地说,这是为了让学生自己找到答案,而不是被"给予"答案。在关于奇数的对话中,有两个例子:第一个例子,用(E)标记,本意识到单位是决定奇数的一个关键因素(奇数是如果不改变单位,那就不能除以2的数字);第二个发现时刻是男孩谈论奇怪的袜子。

学习坑第三阶段的要点

1. 深思熟虑的判断是批判性思维的基础

如第92页所述,批判性思维中的"批判性"概念来自希腊语"批评"(kritikos),意思是"能够做出判断"。这就是学习坑的第三阶段最关心的问题:学生不只是简单地重复别人的答案,而是权衡每个答案的利弊,自己做决定。事实上,这似乎是一条有用的经验法则:如果学生们正在思考这个概念并得出自己的结论,那么这节课可能是有效的。但是,如果他们的回答是简单易懂的,那么认知挑战的水平可能是不够的。

2. 社会建构是一种重要的、有意义的学习方式

学习坑的一个主要优势在于,学生们共同构建对关键概念的理解。通常被称为"建构主义"或"社会建构",这种教与学的方法已经被详尽地描述讨了,其中最著名的是利维·维果斯基和杰罗姆·布鲁纳(两人都在本书中被提及和引用)。建构主义教学法的主要特点是:

- 学习和发展是一种社会性的协作活动。
- 社会建构与"现实生活"相联系。
- 与传统的教学方法相比,建构主义更加强调学习的社会背景。
- 学习是由学生完成的,而不是直接教给学生的。

关于社会建构的反思

119

进一步了解社会建构的影响,请花时间阅读以下内容:

(1)反思你对挑战这一概念的理解;
(2)确定挑战的三个关键特征;
(3)询问你的同事他们认为挑战的基本方面是什么;
(4)共同创造关于挑战的丰富描述,这可以在课程中加强挑战;
(5)最后,反思一下你最初对挑战的定义与你和同事通过社会建构而产生的定义之间的差异。

关于发现时刻的反思(见 118 页)

进一步了解发现时刻,请花时间阅读以下内容:

(1)上一次你经历发现时刻的感觉如何?
(2)它对你的理解和/或知识有什么影响?

（3）它以什么方式影响了你的学习态度？

（4）你的学生多久经历一次他们自己的发现时刻？

（5）你能做些什么来提高学生发现时刻的质量和数量？

3. 教别人是最好的学习方法之一

我相信我们中的许多人都看到过以下关于学习维持率的统计数据。学生能够记住：

- 他们所听到内容的 10％；
- 他们所阅读内容的 20％；
- 视听演示内容的 30％；
- 教师演示内容的 40％；
- 他们讨论内容的 50％；
- 他们练习内容的 75％；
- 他们所教内容的 90％。

"如果你不能简单地解释，那么你理解得就不够充分。"

（阿尔伯特·爱因斯坦，1879—1955）

120　　　　不幸的是，这些统计数字似乎是假的。最初，我是在英国的国家识字信托网站（National Literacy Trust website）上看到的，尽管我以前也看到过来自世界各地不同来源的类似信息。然而，仔细审视后，我发现唯一值得信赖的引文来自埃德加·戴尔（Edgar Dale）的著作和他的"经验"，即使他并没有提到维持率；相反，他的著作更多地关注的是抽象程度。[82]

也就是说，基于个人经验我发现当学生被要求教其他学生时，他们确实记住得更多，而不是简单地吸收信息。这并不是什么震撼世界的新闻，但我认为它仍然值得强调。我们能为学生们创造越多的机会去互相解释，他们就越有可能记住他们所教的东西。这是否是由合成知识所需的认知水平的，提高引起的（见第 67 页布卢姆的分层法）还有待商榷。

教学就是学习两次。

[约瑟夫·朱伯特(Joseph Joubert), 1754—1824]

20 世纪 90 年代末,当我还是系主任时,我曾试图在学校开设一门思维技能课程。我的同事发现,最有效的部分之一是要求学生创造类比、隐喻、明喻或例子的任务。我们注意到,在面对这样的要求下,学生们不得不比其他任务时更多地去思考、处理和评价,从而影响更深层次的学习。考试结果出来后,我们发现学生们比以前更注重细节,成绩也更高了。

我现在把学习坑作为一个参照系,为学生们提供互相教学的机会。一旦我向学生们解释了这个模型,我就能问:"谁还在坑里?"然后把一个还在坑里的学生和一个爬出来的人配对。从坑里出来的学生负责帮助他们的同伴爬出来;而在坑里的学生应该设法找出同伴解释的问题(这巩固了双方的学习)。这不仅很有趣,而且也是在课堂上发展协作学习的有效方法。

4. 发现时刻

当学生们已经挣扎了一段时间,甚至可能在坑里打滚的时候,他们中的一些人看到了光明,有了发现时刻。

2007 年 6 月,我在做主题演讲时提到了发现时刻(eureka moment)一词。观众中的一个女人跳起来宣布她刚结婚! 我询问这样莫名其妙的一句话的相关性。然后她(向礼堂里的 600 人)透露,她的丈夫是希腊人,所以她一直在学希腊语,"eureka"是希腊语,意思是"我发现了它"。虽然对她的突然爆发感到困惑,但我对 eureka 的这个意思也很感兴趣。这并不意味着"我的老师给了我答案"或者"导航员娜塔莉告诉我怎么做"。意思是"我找到了,我找到了我自己的答案,感觉很棒"。

此外,当学生体验到发现时刻的时候,他们想告诉每个人他们的经历,然后一遍又一遍地重复。当家长问学生今天在学校里做了什么的时候,学生通常回答"什么都没有!"将这两者进行比较,我们发现,除非学生们开始

121

图 7.3　我发现了!

挣扎,否则发现的感觉根本就不存在。如果答案对于学生来说很容易,或者他们可以轻易地得到第一个简单的答案,那么他们就不太可能在学校里经历发现时刻。

5. 社会建构的四种方式

有许多方法可以鼓励学生自己或通过与他人的对话和合作(更可能,也许更好)来构建意义。其中包括:

关键特征

路德维希·维特根斯坦(Ludwig Wittgenstein,1889—1951),被普遍认为是 20 世纪最重要的哲学家之一,研究语言相关问题,特别是试图定义概念方面。维特根斯坦在回应苏格拉底的技巧(在挑战章节中有描述)时说,我们努力去定义某个东西并不意味着当我们看到它的时候就说我们不认识它。当应用于学习坑时,这种方法可以帮助学生得到满意的答案(从而走出坑)。

假设一群学生正在努力定义勇敢的概念。每次他们中的一个想到勇敢的特征,另一个学生就会发现一个例外。运用维特根斯坦的方法将有助于他们解决这一困境。

（1）建议学生举出我们通常认为的勇敢的个人或群体的例子。例如：消防员，纳尔逊·曼德拉，弗洛伦斯·南丁格尔（Florence Nightingale），士兵，女权运动者，格蕾丝·达林（Grace Darling），反抗霸凌者的人。

（2）让学生有机会否决任何建议。这些建议组成的名单必须是我们通常会接受的勇敢的个人或人群的组合。

（3）确定所有案例的共同特征。例如：冒个人风险，把别人放在自己前面，坚持自己的信仰，相信自己可以改变事情。从这个列表中，学生们能够构建一个完整的、经过深思熟虑的问题的答案。

层次结构

整理学生在学习坑中提出的各种答案的一种更常见的方法是对答案进行排名。这可以通过线性等级，菱形等级（见图 7.4），金字塔等级或任何会促使学生分析每个答案的相对价值的形状来完成。

关系

帮助学生爬出坑的另一种方法是鼓励他们描述与他们正在分析的概念相关的另一个概念。有时候，将概念与另一个随机选择的概念进行比较，以便为意外发现提供机会，也是有用的。

例如：

- 朋友与最好的朋友之间的关系是什么？
- 勇敢与胆小的关系是什么？
- 真实和虚构之间的关系是什么？
- 知识与智慧的关系是什么？
- 与信念相比，信心是什么？

例如：

图 7.4　使用钻石结构的排名来构建友谊的关键方面

- 勇气与动物
- 理解和语言
- 平等与艺术
- 塑造和说谎

分层

这本书里的许多例子和教案中使用的一种技术是维恩图。这是一个经典的分层方法，帮助学生区分两个（或更多）相互关联的概念。

例如，如果学生们试图定义友谊的本质，但却被相似的概念"友好"所困扰，那么这样的维恩图可能会有所帮助：

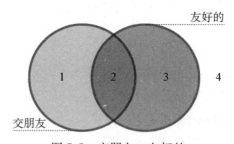

图 7.5　交朋友—友好的

通过确定仅适用于区域 1 的特征，学生将能够更准确地描述"交朋友"的基本特点。

第四阶段：仔细考虑

学习坑的第四个也是最后一个阶段是考虑学习过程。这就是进行元认知或报告情况的步骤。

艾伦·纽厄尔（Allen Newell）在他的《统一认知理论》（*Unified Theories of Cognition*）一书中指出，解决问题有两层：将策略应用于眼前的问题，以及选择和监控该策略。纽厄尔指出，解决问题的好方案通常取决于策略的选择和监控以及策略的执行。元认知（对认知的认识）一词通常指选择和监控的过程，以及反映和指导自己的思想的更一般性的活动。

称职或成功的学习者可以解释他们用来解决问题的策略以及原因，而能力较弱的学生则偶尔或无效地监控自己的思维，并提供不完整的解释。

（艾伦·纽厄尔，1991）[83]

充分的证据表明，元认知是随着学年的变化发展起来的。例如年龄大的孩子比年龄小的孩子更善于计划他们被要求做的任务。[84] 元认知技能也可以进行教学，学习坑的最后阶段就旨在提供帮助。

我建议的元认知问题都是围绕学习坑描述的学习（或思考）过程而形成的。因此，前几个问题将与模型的第一阶段相关，第二个问题与第二阶段相关，依此类推。元认知阶段的结论还可能包括对学生在考试中被问到相关问题时可能给出的参考答案，或者他们使用的可用于类似任务的策略的一些思考。

学习坑每个阶段的超认知问题

第一阶段

■ 在课程开始前，你认为奇数是什么？（例如"奇数不能被 2 除"。）

- 你听到其他人使用的定义是什么？
- 你第一个想法的优点和/或缺点是什么？

第二阶段

- 是什么挑战了你的第一个想法？（例如"我意识到奇数可以被 2 除"。）
- 滑进坑里的感觉如何？
- 在坑里的时候你考虑了哪些策略？
- 你拒绝的想法是什么？

第三阶段

- 什么有助于你澄清想法？
- 哪些想法对你最有意义？为什么？（例如，"奇数可以被 2 除，但我们说它们不能，因为当奇数被 2 除时，答案不是整数"。）

125

第四阶段

- 现在你认为奇数是什么？
- 你的想法与你之前对奇数的想法有何不同？
- 你发现什么策略对处理和走出困境有用？
- 你现在可以用什么样的类比、隐喻或例子向别人解释奇数？（例如"奇数就像奇怪的袜子：总有一只剩下了"，此外，它们以 1、3、5、7 或 9 结尾，在 2 乘某个数的表格中不作为答案出现。）

学习坑：一些最后的想法

学习坑可以作为一个参照系

我几乎在我所教的每门课中都分享了学习坑。它背后的阶段和思想成为一种共享语言。诸如"我在坑里"或"我不明白为什么我在第一阶段的时候有些人不在坑里了"这样的短语很常见。此外，"学习坑"是一个有用的隐喻，可以用来解释为什么我故意刁难他们，并在他们的道路上设置障碍。

学习坑是自我分化的

图 7.6 "风筝逆着风飞得最高，不是顺着风。"(温斯顿·丘吉尔)

由于学习坑后面的课程是协作式的，每个学生都能在自己的水平上工作。实际上，往往是那些所谓的不太成功的学生在这些课程中表现出色，而那些成绩更高的学生，从一开始就倾向于袖手旁观。这可能有很多原

126

因，我不是心理学专家，但在我看来，成绩较差的学生习惯于挣扎，因此坑是他们熟悉的领域，而成绩较好的同学可能担心他们没有跳出学习坑所要求的韧性。这就是说，一旦那些高材生意识到挑战提供了一个极好的机会来拓展他们的思维，他们通常会热情地参与其中（到那时，其他学生已经有了更多的信心和能力来"跟上"）。

学习坑是一种协作练习，有助于发展学习团体

值得注意的是，挑战旨在成为一项合作活动。这不是把个别学生丢在坑里，没有其他人的支持。事实上，鼓励学生在坑中互相帮助或引导对方走出坑的做法可以帮助他们在社交方面有所发展。

鼓励学生通过学习坑提高自尊

正如在第六章中所探讨的，自尊有一种复原力，如果没有与挑战作斗争和克服挑战的经验，自尊几乎不可能发展起来。这就是"学习坑"的意义所在：创造挑战，让学生奋力拼搏，同时教会他们如何获胜。

第八章　课程理念

"如果一个医生、律师或牙医的办公室中同时有 40 个人，所有人都有不同的需求，其中一些人不想待在办公室里并正在制造麻烦。医生、律师或牙医在没有帮助的情况下，必须以专业、优秀的态度为他们提供治疗或服务 9 个月，然后他可能对教室里教师的工作有了一些概念。"

［唐纳德·奎恩（Donald Quinn），俄亥俄州阿克伦大学机械工程教授］

现在所有的理论已经都被涵盖了，这里有一些课程计划，把所有的东西放在一起，从 A 到 Z 的概念开始。这十个计划中的每一个都基于学习坑模型。

（例如：玩具或游戏在哪些方面是真实的？）

183 页　形状

（例如："思想"等抽象概念是否具有形状？）

从 A 到 Z 的概念

概念是思维的基础。马修·李普曼将概念描述为"思想的载体"[85]，约翰·哈蒂说，学生成绩的三个关键因素之一是鼓励儿童"重新概念化信息"，以便他们更好地理解信息。[86]

下面是一个按字母顺序排列的概念列表，你可以用它来挑战你的学生以促使他们进行更深入的思考。

对于每个概念，从"什么是……"的问题开始（什么是动物？什么是霸凌？以此类推）。当学生回答时，再挑战他们一些，或者通过质疑他们的假设，测试他们的结论，或者问下面建议的问题之一。这甚至适用于非常年幼的儿童（从 4 岁起）。下面是一个关于说谎的例子：

准备

- 面带微笑地说一个离谱的谎言，例如："我的名字是山姆，我是一个毛茸茸的咕噜牛。"
- 当儿童说这不是真的时，询问以下问题。

教师回应

- 怎么知道有人在说谎？（儿童通常会说，"因为他们说话时会微笑"。）
- 如果我说话时微笑，我在撒谎吗？例如，面带微笑地说一些很明显是真的的话。

- 如果我皱着眉头，那是不是意味着我说的是实话？例如，皱着眉头 129
  说一些很明显是错误的话。

更进一步的问题

- 即使说谎是为了避免伤害别人的感情，也是不对的吗？
- 如果我假装成兔子，我是在说谎吗？
- 如果你告诉你妈妈你还没有给她买礼物，其实你已经买了，那是在
  撒谎吗？
- 说世界上有牙仙子是在撒谎吗？（仅限年龄较大的儿童！）

"我们在寻找问题的答案但没有找到答案的过程中比学习答案本身能
学到更多。"

［劳埃德·亚历山大（Lloyd Alexander），1924—2007，儿童奇幻小说领域
有影响力的作者，作品包括《普赖登编年史》（*The Chronicles of Prydain*）］

动物

如果我的血管里有温血，背上有皮毛，我是动物吗？
动物和人类有什么区别？
"他表现出动物的行为"这句话是什么意思？
动物园中的动物、宠物、农场动物和野生动物之间有什么区别？

霸凌

如果我打了人，我是个霸凌者吗？（即使我在一场橄榄球赛中打了
他们？）
如果有人让我难过，他们是在欺负我吗？（即使是他们告诉我我的猫
死了？）

恐吓别人总是不对的吗？（恐吓他们捐钱给慈善机构怎么样？）

有人欺负了你但不是一个霸凌者吗？

创造力

如果我和其他人有不同的主意和想法，那会让我有创造力吗？

有创造力的人善于说谎吗？动物能有创造力吗？

为什么人们常说孩子比成年人更有创造力？

130

不同的

如果两件事不一样，那它们必然不同吗？同卵双胞胎不同吗？

如果蜡烛熔化了，熔化的蜡现在是另一种蜡了吗？

有什么东西和其他东西完全一样，或是完全不同？

存在

我们能想到的一切都存在吗？火焰存在吗？寒冷存在吗？

有的人死了，他们就不存在了吗？

朋友

什么是朋友？

你总是要对你的朋友好吗？

如果你的一个朋友不分享他的甜食，那是否意味着他不再是你的朋友？

你怎么知道有的人是你的朋友？

鬼魂

如果很多人害怕鬼魂,那鬼魂是真的吗? 还是人们只是什么都不怕?

"鬼魂"这个词出现在词典里,这是不是意味着鬼魂是真的?

如果鬼魂真的存在,那么他们只是人的鬼魂还是有动物、昆虫、无生命物体的鬼魂?

如果世界上每个人都相信鬼魂,那是否意味着鬼魂确实存在?

家

一切事物都有家吗? 风雨有家吗?

如果鸟巢在树上,这是否意味着树就是鸟的家? 房子和家有什么区别?

想法

想法和思想是一样的吗?

人们所说的"一无所知"是什么意思?

131

"我对好音乐的想法与你的不同"这句话中的"想法"是什么意思? 人在什么年龄有他们的第一个想法?

正义

正义总是公平的吗?

正义和复仇是如何联系在一起的?

自然正义和人类正义有区别吗? 每个人都应该得到正义吗?

杀死动物

杀死动物和杀人有什么区别?

杀掉一些动物而不杀掉其他动物可以吗？如果可以，要杀死哪一些动物呢？

杀食肉动物比杀食草动物好吗？如果可以杀死饲养的动物，那么可以杀死宠物吗？

思维

你的思维是内在的，还是和你的大脑一样是外在的？你所有的想法都发生在你的脑海里吗？

当你自言自语时，是你在说话还是你的思维在说话？

"管好你自己的事""我有很多事要做"和"别管我"的意思是什么？

姓名

如果你有一个不同的名字，你会是一个不同的人吗？

为什么东西需要名字？

你能想到多少人名的例子？

"马"也是马的名字吗？

132

原创

如果我编了一个故事，那是否意味着它是原创的？

当你第一次有了一个想法，这会使它具有独创性吗？

你的记忆是一个原始经验的复制品吗？

原件和复印件有什么区别？

诗

一句话能成为一首诗吗？

什么时候一首歌能成为一首诗？

沉默能成为一首诗吗？

如果一首诗从来没有被写下来或分享过，它仍然是一首诗吗？

问题

我们为什么要问问题？

如果你永远不会问问题，生活会是什么样子？

你是否曾经问过一个问题，却不期待得到这个问题的答案？为什么/什么时候？

你问过的最好的问题是什么？

真实

真实是什么意思？

真是假的对立面吗？

梦是真的吗？

真正的香蕉和塑料香蕉有什么区别？

故事

一个故事能完全是符合事实和真实的吗？

为什么编故事可以但说谎是不可以的？

如果有人编造了一个故事，那是否意味着这个故事不可能是真实的？

如果一个故事包括会说话的动物，那是否意味着它一定是虚构的？

思想

你的思想控制你做的每件事吗？

两个人能有完全相同的想法吗？

思想是真实的，还是想象的，还是其他？

133

思想和想法有什么区别？

理解

一个人能不理解就知道某件事吗？

一个人能领悟一件事但不理解它吗？

是不是有些事情你做的时候还不知道你是怎么做到的？

如果你不理解规则，你有责任遵守规则吗？

美德

竞争力是一种美德吗？ 乐于助人是一种美德吗？

没有缺点是美德吗？

人格特质能既是美德又是缺点吗（例如野心）？

价值

我们怎么知道一根面包值多少钱？

我们怎么知道宠物值多少钱？

空气值多少钱？

如果某样东西很值钱，那是否意味着它很贵？

排外心理

为什么人们害怕他们不知道的东西？

害怕未知是件好事吗？

害怕恐怖分子是仇外心理吗？

排外是天生的吗？

你

是什么让你成了"你"？

你只有一个人吗？

当你玩假装游戏时，你还是你吗？

如果你有不同的父母，你还会是你吗？

动物园

134

世界上所有的动物园都有世界上所有的动物吗？

为什么动物园里不养狗和兔子？

动物在动物园里更好还是在自然栖息地更好？

我们应该教动物园里的动物吗？

文化

年龄范围：10—18 岁。

课程：人文，公民，媒体，个人、社会和健康教育，识字，外语。

第一阶段：确定概念

文化的概念通常有两种重叠但不同的含义：

- 艺术与学习：发现和创造性努力的特殊过程。
- 一种生活方式，包括普遍意义、态度、价值观、信仰、等级制度、实物和财产、感知方式、思维和活动习惯。

青少年往往热衷于谈论他们自己的文化，或者至少是他们自己正在形成的价值观、态度、品位和忠诚。他们也可能会感到被困在一种文化中，甚至感到文化缺失。他们对以下问题感兴趣：文化是否是给定的或者文化是否可以改变？他们如何受到文化的影响以及他们是否能够影响文化？或者如果他们感觉受到不止一种文化的影响，那么在某些情况下，哪种是最重要的？

事实上，"文化"被用在如此多的方式和如此多不同的语境中，以至于你不太可能与你的学生一起形成一个完整的定义。这不应该让你感到厌烦；事实上，它应该起相反的作用！最好的（哲学的）对话往往以一个问题开始，以许多问题结束，而文化的概念会引起热烈的讨论。

概念的复杂性

- 一个人属于多少种文化？
- 一种文化能否只存在于一个人身上？
- 如果一个人以隐士的身份生活，他还会属于多种文化吗？
- 动物有文化吗？

135

第二阶段：概念问题化

在与 14 岁的学生进行了以下对话之后，我们开展了一项活动，要求学生列出自己所属的每种文化，然后确定每种文化的共同特征。

教师：什么是文化？

西蒙：一群人。

教师：我们是一群人，这是否意味着我们是一种文化？

西蒙：算是吧。

教师：那我们都属于同一种文化吗？

穆罕默德：不，我们所有人不全都是一种文化。我们中有些人有不同的肤色，有些人信仰不同的东西。

教师：那是不是说每个黑人都属于一种文化，每个白人都属于另一种文化？

瑞秋：不，那是和种族有关，不是和文化有关。

教师：有什么区别？

沙希娜：种族是你的肤色，而文化则是你的信仰和行为。

教师：如果文化与你的信仰有关，那么如果我们都相信某个足球运动员是世界上最好的，我们属于同一种文化吗？

塔丝：不，那只是足球。

教师：那就没有"足球文化"了吗？

塔丝：有，但足球文化指的是喜欢足球。

安娜：穿着运动服、运动鞋之类的。

艾莉森：我穿运动装，但我讨厌足球，所以我不是足球文化的一部分，是吗？

教师：那么，回到原来的问题（什么是文化？），就是说文化是一群人，他们喜欢同样的东西，也许穿着同样的衣服？

维杰：是的，没错。

教师：但是喜欢同样的东西，穿同样的衣服的人不一定有相同的文化，不是吗？比如，每个去看凯莉·米洛直播的人呢？他们大概都喜欢同样的东西（凯莉的直播），也许都穿凯莉的旅游 T 恤。

安妮塔：不是这样的，如果你想想哥特人的话。他们都穿黑色衣服，喜欢同样的音乐。

安娜：不，我们没有。

安妮塔：那你是说你不是哥特文化的一部分？

安娜：不，我没有那样说，因为我也是哥特人青年文化的一部分，甚至可能是学校文化的一部分，不是吗？仅仅是来自同一个文化并不意味着你喜欢同样的东西，做同样的事情，甚至穿同样的衣服。

教师：那么，文化是什么意思呢？

深化学习坑

什么是文化？

■ 文化和信仰一样吗？如果不一样，它们有什么区别？

- 如果人们知道你的国籍，他们知道你的文化吗？
- 文化总是在变化吗？
- 人属于文化还是文化属于人？
- 一群人能创造一种新的文化吗？
- 文化是否导致人们相信某些事物或以某些方式行事？我们是我们文化的产物吗？
- 世界上会有一个单一文化的国家吗？
- 人们说英国现在更具有文化多元性意味着什么？
- 如果你的母亲是西班牙人，父亲是中国人，而你出生在英国，你属于哪种文化？
- 对文化的刻板印象在现实中有基础吗？
- 语言是文化的一部分还是文化是语言的一部分？

现在有哪些类型的文化？

- 除了人类以外，动物有文化吗？
- 鱼有文化吗？
- 个人是否有可能拥有自己的文化？
- 一个人是否可能完全不属于任何文化？
- 如果一群人喜欢完全一样的东西，他们是在分享一种文化吗？
- 如果一群人认为同样的事情很重要，他们是在分享一种文化吗？
- 一个群体要有多大才能被视为一种文化？
- 你认为自己属于什么文化？
- 这个群体中的其他人认为自己属于什么文化？
- 这个群体/阶层有自己的文化吗？
- 文化为何存在？

137　你认为下列哪种生物有文化？

狒狒

鱼

狗

狼

海豚

黑猩猩

老鼠

猫

水母

蝴蝶

大象

蚂蚁

蜘蛛

鸵鸟

蜜蜂

蝙蝠

企鹅

文化的价值是什么？

- 有些文化比其他文化好吗？如果你认为"是"，你怎么知道？如果你觉得"不"，为什么不呢？
- 人们是否应该始终遵循其文化的价值观？
- 如果影响一个人的两种文化的价值观发生冲突怎么办？哪种价值观对于人是最重要的？
- 想想影响你的一些文化。这些文化可以促进可识别的价值观吗？

用实例探索文化 138

下面表 8.1 中的例子是刻板印象还是真实反映（或两者兼而有之）？

表 8.1　"刻板印象还是真实反映"的例子

当我们听到/读到	我们想到……（圈出所有适用的词并添加自己的描述词）					
英国文化	保守	暗讽		音乐	电影	汉堡
美国文化	鲁莽	刺激	要酒疯的青年	爱运动	电视	
法国文化	葡萄酒	悠闲	多情	食物	吸烟	
本土文化	少数民族	剥削	自豪	融合	边缘化	部落
男孩文化	啤酒	不淑女	酒醉的	喧闹	乐趣	群组
挪威文化	维京人	鱼	清雪	松树	保守	自豪
瑞士文化	中立	布谷鸟	奶酪	手表	日内瓦公约	
澳大利亚文化	烧烤	邻居	喂，你好	邦迪海滩	轻松	
拉丁文化	萨尔萨舞曲	热情	橄榄色皮肤	热	性感	肢体碰触
希腊文化	建筑设计	阿多尼斯	充满激情	音乐	乳酪	古典
青年文化	叛逆	精力充沛	狂热	难以控制	帮派	反社会行为
日本文化	寿司	保守	高效	和服	空手道	游客
这个校园的文化						
这个群体的文化						

第三阶段：建构理解

将文化概念与其他概念进行比较,可以帮助学生判断文化是否创造了传统、宗教、美食,等等,反之亦然。

"文化"和"语言"之间的比较很有趣,因为语言使同一文化下的成员能够表达和发展共同的意义。这也是人与人之间的联系,形成了民族主义者要求隔离主义的基础。

"文化"和"帮派"之间的比较可能导致对亚文化的讨论,以及相互冲突的文化对一个人的影响。

"文化"和"种族"之间的比较提出了种族一词如何使用的问题。它是外国人的同义词,还是肤色或容貌的同义词? 它是用来暗示人与人之间超越文化的差异,并以此来证明隔离的意识形态是正确的吗?

以下两个概念之间有什么相同点和不同点?

- 文化与家庭
- 文化与社区
- 文化与文明
- 文化与帮派
- 文化与语言
- 文化与宗教
- 文化与种族
- 文化和传统
- 文化与民族
- 文化与环境
- 文化与自然
- 文化与美食
- 文化和期望
- 文化与教育
- 文化与培养

■ 文化和团体

第四阶段：回顾学习历程

可能的元认知问题

■ 你认为自己属于什么文化？
■ 个人是否有可能拥有自己的文化？
■ 人属于文化还是文化属于人？
■ 某些文化是否比其他文化更好？
■ 文化和信仰是一样的吗？如果不一样，它们有什么区别？
■ 你的文化观念与课程开始时有何不同？
■ 你对文化还有什么疑问？

梦

年龄范围：4 岁以上。
课程：早期，科学，公民，个人、社会和健康教育，文学、艺术和媒体。

第一阶段：确定概念

哲学家们对梦这个话题特别感兴趣，因为它提供了一个机会来探究其他概念，比如思维、个人身份、思想、现实，甚至时间。

然而，你可能会遇到的一个问题是，学生（尤其是年轻人）经常希望讲述他们的梦想。这不一定是坏事，但如果分享太多的故事，一节课或一个调查可能会失去重点。试着用下面建议的一些问题来帮助学生保持动力和注意力。

如果你的学习目标是提高学生的创造性写作，邀请他们分享他们的梦想可能是合适的。一如既往,背景非常重要。

第二阶段: 概念问题化

向年幼儿童(3—7岁)提问的问题

- 梦是什么?
- 做梦和思考一样吗?
- 你必须闭上眼睛才能做梦吗?
- 你必须睡觉才能做梦吗?
- 你梦到过图像吗? 它们是彩色的还是黑白的?
- 你总是在自己的梦里吗?
- 做梦好吗?
- 每个人都做梦吗?
- 动物做梦吗?
- 你能在晚上做白日梦吗?

针对小学生(7—11岁)的附加问题

141

- 梦是故事吗?
- 梦有开始、中间和结束吗?
- 梦曾经变成现实过吗?
- 你现在有和小时候不一样的梦吗?
- 你认为未出生的婴儿会做梦吗?
- 梦和噩梦有什么区别?
- 梦和白日梦有什么区别?
- 你能使自己做梦吗?
- 你能随心所欲地控制或改变你的梦吗?

针对青少年(11—14岁)的附加问题

- 你能同时做梦和吃饭吗?
- 你能从梦中学到什么吗? 如果能,是什么?
- 你在梦中的空间感和清醒时的空间感一样吗?
- 时间呢? 在梦里和醒着的时候是一样的吗?
- 梦是在反映过去还是预测未来,或者两者兼而有之?
- 你做的梦是否取决于你睡觉时的感觉?
- 你在梦中和清醒时是同一个人吗?
- 如果你与梦中的人不是同一个人,那么谁是你梦中的那个人?
- 梦是对现实的反映还是完全是虚构的?

进一步针对年长学生(14—18岁)的问题

- 睡觉时思维和做梦有区别吗?
- 做梦是为了什么?
- 做梦纯粹是人类的能力吗? 动物能做梦吗? 计算机能做梦吗?
- 怎么可能同时做梦和想着那个梦?
- 人们经常交替使用渴望、梦和愿望。它们是一样的吗? 如果不一样,主要区别是什么?
- 你认为刘易斯·卡罗尔(Lewis Carroll)(《爱丽丝梦游仙境》的作者)将一首诗取名为《生命不过是一场梦》是什么意思?
- 哲学家笛卡尔(Descartes,1596—1650)确信没有明确的迹象可以帮助我们确定我们是在做梦还是是清醒的。他说得对吗?
- 142 另一位哲学家伊曼努尔·康德写道,"疯子是一个清醒的做白日梦的人"。你认为这是什么意思?
- 威廉·莎士比亚(William Shakespeare,1564—1616)在《哈姆雷特》(第三幕,场景 1)中写道:"入睡,偶尔做梦,因为在沉睡中,什么梦都会出现,我们可以从中暂时摆脱尘世的烦恼吗?"

第三阶段：建构理解

比较梦与其他概念

针对小学生(5—11岁)的维恩图

在表示梦的圆圈和/或表示白日梦的圆圈中添加梦和白日梦的特征。然后在"梦"和"思维"的文氏图中寻找标签。

年长学生(11—18岁)的其他比较

从这些概念对中挑选五个,描述两个概念在每种情况下的异同。
梦和现实
我的梦和你的梦
梦和白日梦
梦和信念
梦和目标
思想和梦
想法和梦
梦与预感
愿望和梦
梦和酒醉
白日梦和思维
梦和虚构的事物
梦和知觉
梦和幻想
梦和幻觉
梦和想象
梦和愿望

143

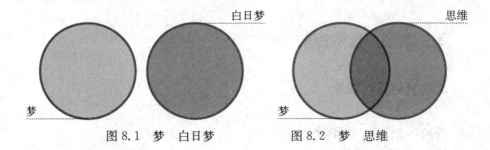

图 8.1　梦　白日梦　　　　　　图 8.2　梦　思维

梦和让你的思绪飘荡
梦和编故事
梦中的"你"和醒着的"你"

理解"梦"这个词的当代用法

解释以下的例子中"梦"的含义：

1. 马丁·路德·金在 1963 年的演讲中说道："我有一个梦，有朝一日，我的四个孩子将生活在一个不以肤色而是以品行来评判一个人优劣的国度。"

144　　2. 她处于梦境般的状态。

3. 他总是梦想远大。

4. 她太爱幻想了。

5. 他真是个空想家。

6. 我的梦想的车是保时捷。

7. 如果政客们认为我们会同意这一点，他们就生活在一个乌托邦里。

8. 这是我们梦寐以求的举动。

9. 痴心妄想，朋友！

10. 爱之梦。

11. 就像做梦一样。

12. 梦幻机器。

13. 逐梦者。

图 8.3　梦

第四阶段：回顾学习历程

可能的元认知问题

- "梦"这个词有多少不同的用法？
- 做梦和思考有什么不同？
- 你总是知道自己在做梦吗？
- 梦和现实以什么方式联系在一起？
- 你能改变或影响你的梦吗？
- 为什么你认为我们大多数人很少记得自己的梦？
- 你对梦的想法与课程开始时有什么不同？
- 关于梦你还有什么问题？

公平

年龄范围：4岁以上。
课程：个人、社会和健康教育，个人发展，公民，人文/社会研究，健康和体育。

第一阶段：确定概念

公平是道德和政治思维中的基本概念。也就是说，学习者——尤其是年轻人——可能会发现说什么不公平比发现什么公平更容易。我发现关于公平的谈话通常是从平等是公平的同义词开始的。但如果仔细研究，会发现这是很难维持谈话的。那么什么是公平呢？与竞争性游戏相关的关于公平的谈话可能会引起人们因他们的才能或努力应该得到什么的问题。

145

潜在的挑战

- 以同样的方式对待每个人是否公平?
- 实现公平的(道德)我们是否有义务?
- 公平是可能的,甚至是值得做的吗?

第二阶段: 概念问题化

以下对话用于说明我们如何开始挑战学生对公平的理解。

介绍:只给五个学生糖果,其他学生空手而归

儿童:这不公平!

教师:为什么不公平呢?

儿童:因为我们没有都得到糖果。

教师:我为什么要给大家糖果?

儿童:不这样做是不公平的。

教师:但是它们是我的糖果,所以我可以把它们送给我喜欢的人不是吗?

帕特里克:但你为什么选那五个学生?

教师:他们是我最喜欢的学生,怎么了?

凯瑟琳:作为一个教师,你不应该有最喜欢的人。

教师:所以你有最喜欢的人没关系,但我不行? 为什么呢?

儿童:教师应该确保一切都是公平的。

教师:意思是我应该以完全相同的方式对待你们所有人吗?

儿童:当然。

教师:那么我应该给每个人一个"A"的成绩,不管他们在学习上付出了多少努力,是吗?

儿童:不,但是……

教师:那大人和小孩呢? 他们都应该受到同样的对待吗?

儿童:是的。

教师：所以儿童，甚至是年轻人，都应该被要求工作，是吗？

儿童：不是。

教师：但是为什么不呢？这才公平！

儿童：但是儿童不应该工作，这是他们父母应该做的。

教师：那是不是说我请你帮忙打扫教室是不公平的？我们应该指望别人来帮我们收拾教室吗？

儿童：不，但是……

146

深化学习坑

针对年幼儿童（3—7 岁）的活动/问题

选择两个孩子。给他们其中一个一颗糖，另外一个两颗糖，问他们这样是否可以。交换一下，第一个孩子现在有两颗糖果，另一个有一颗糖。这样公平吗？现在把他们俩的糖果拿走给别的孩子吃，询问这样是否公平。还要问："我把糖果给任何我想给的人，这样公平吗？""一旦有人给了东西，就把它拿走，公平吗？为什么？为什么不公平？"

- 公平意味着和别人一样吗？
- 还是说公平意味着每个人都有相同的东西？
- 你怎么知道事情是否公平？
- 人们为什么要努力做到公平？
- 什么是不公平？
- 如果露西掐艾米，艾米掐露西公平吗？

针对小学生（7—11 岁）的活动/问题

让学生和你一起建立一个想象中的跑步比赛，并改变组成队伍的情况，每次都询问比赛是否公平。

例如，请注意：

- 不同长度的腿。
- 最年轻的教练与最年长的教练。
- 男孩对女孩。
- 年纪最大对年纪最小。
- 组建团队最公平的方式是什么？给出理由。
- 平局是最公平的结果吗？给出理由。
- 给最好的赛跑者设置障碍(例如,给他们沉重的背包、错开起跑时间或设置障碍物)会使比赛更公平吗？或者这对最好的赛跑者不公平吗？给出理由。
- 如果跑步者不幸被意外撞倒,这不公平吗？
- 如果一个队通过作弊赢得比赛,这不公平吗？为什么？

针对小学生(7—11岁)的附加问题

- 公平是什么意思？
- 如果你觉得某事不公平,是否意味着它就是不公平的？
- 公平是否意味着人人平等？
- 公平是否意味着每个人都受到同样的对待？
- 举办派对而不邀请所有人公平吗？
- 如果我有一袋糖果,把它们都留给自己公平吗？
- 有些人比其他人有钱,这公平吗？
- 如果我们班上有一个孩子被欺负了,我欺负其他所有人使你们平等,这公平吗？
- 如果我们班30个儿童中有28个儿童想在班里养一只宠物仓鼠,但有一个孩子对毛茸茸的动物过敏,还有一个害怕仓鼠,那么公平的做法是什么？

针对青少年(11—14岁)的附加问题

- 平分世界上所有的食物公平吗？如果是这样的话,我从你家里取来食物,送给那些食物很少的儿童,公平吗?

- 每个人挣相同的工资公平吗?
- 富人和穷人公平吗?
- 家庭内部是否可能实现公平?
- 学校内部是否可能实现公平?
- 当坏事发生在好人身上时公平吗?
- 当好事发生在坏人身上时公平吗?
- 如果有人不顾一切地插队到在厕所外排队的队伍前面,这公平吗?

针对年长学生(14—18岁)的附加问题

- 总是按照多数人的要求行事公平吗?
- 举办不是每个人都负担得起的学校旅行公平吗?
- 18岁的人的最低工资比21岁的人低,这公平吗?
- 虐待虐待者、恐吓恐怖分子或谋杀凶手是否公平?
- 在社会中实现公平是可能的(甚至是值得的)吗?
- 如何实现公平?
- 适者生存公平吗?
- 是否有可能构建一个公平的科学测试?

第三阶段：建构理解

表8.2中的练习可以帮助你的学生把公平的特征拼凑在一起。

表8.2　这些例子是否公平?

例子	公平	不公平	不确定	原因
1. 学校里每个人都有同样数量的家庭作业。				
2. 医生的工资比教师高。				

148

（续表）

例子	公平	不公平	不确定	原因
3. 做同样的工作，男人的工资比女人高。				
4. 每个人在运动会那天都得到了奖品。				
5. 有些国家的孩子上不起学。				
6. 有些人住在很大的房子里。				
7. 一个饥饿的女人偷了一根面包来养家。				
8. 一个学生从商店偷了一张 CD。				
9. 儿童不准开车。				
10. 残疾人可以免费停车。				
11. 有人犯法，所以被送进监狱。				
12. 一个老奶奶付不起市政税，所以被送进监狱。				

第四阶段：回顾学习历程

149

可能的元认知问题

- 公平和平等是一样的吗？
- 什么时候"不公平"地对待他人是正确的？
- 有些人比其他人拥有更多，这公平吗？
- 工作的人比不能工作的人得到更多的报酬，这公平吗？
- 实现公平是可能的或者甚至是值得的？
- 你对公平的观点与课程开始时有何不同？
- 你还有什么关于公平的问题？

成长与变化

年龄范围：4 岁以上。
课程：个人发展、公民、人文/社会研究、识字、科学。

第一阶段：确定概念

儿童和年轻人往往对他们改变和成长的方式非常感兴趣。然而，尽管一切似乎都注定要以某种方式改变，但一切并不一定都会成长。例如，天气每天都在变化，但我们不会说它在成长。因此，比较这两个概念可能是帮助学习者探索每一个概念的有用方法。

此外，当人们使用成长的概念时，他们可能指的是规模或数量的增加。另一方面，他们可能用这个词来比喻个人或社会的发展。考虑到人们在某些方面是否变得更好、更有经验或更有能力，这种"个人成长"可能是定性的，也可能是定量的。

变化也是一个复杂的概念。在某些方面，我们生活的世界变化不大。例如，地球每 365 天绕太阳旋转一周，赤道的位置保持不变。但在其他方面，地球总是在变化。在地理学上，我们可以研究形成山脉的剧烈变化，在历史上，我们可以研究各个时代的重大变化。在一些课题中，我们甚至可以看看人类是如何寻找迫使改变的方法的——例如，试图扭转气候变化或推翻政府。

潜在的挑战

150

- 成长和变化有什么区别？
- 是否存在成长的对立面？
- 是否有任何东西不随时间成长或变化？

第二阶段：概念问题化

下面与年幼儿童（4—9 岁）的对话是用来说明我们如何开始挑战儿童对成长和变化的理解。要梳理出的关键区别是成长与发展、成长与繁殖、成长与进步、时间与成长。

教师：万物都在成长吗？

儿童：是的。

教师：植物？（是的）儿童？（是的）成人？（也许是的）积木呢？

儿童：不，积木不能成长。

教师：但是如果我用一些积木建一座塔呢？塔会长高不是吗？

儿童：是的。

教师：那么，积木可以成长？

（他们在这一点上意见不一致。有人认为是，有人认为不是，有人不确定。）

教师：这种成长方式和植物的生长方式有什么区别？

儿童：植物自己成长，但积木是你让它长高。

教师：但我以为所有的植物都是靠浇水和喂食来成长的不是吗？

儿童：但是野外的植物在没有我们的帮助下也成长。积木不是这样。

教师：好的，所以成长意味着在没有我们的帮助下改变，对吗？

儿童：是的。

教师：但是我们什么都不做天气就变了，不是吗？但天气不会"成长"。

儿童：是的。

教师：那么，成长和变化有什么区别？我们能想出一些例子吗？比如说变化的事物，成长的事物，然后两者兼而有之的事物。

深化学习坑(4—9岁)

见表 8.3。

151

表 8.3　深化学习坑的示例

例子	成长	变化	两者都有	两者都不是	原因
你长大一岁。					
你的体重增加了。					
你理发了。					
你交了个新朋友。					
植物变大了。					
你的玩具坏了。					
你搬到了一所新学校。					
金鱼死了。					
你学习弹钢琴。					
你忘记了一些你曾经知道的事实。					
你学会了如何分享。					
你要学会更有耐心。					
你记得一个梦。					
雨停了。					
你有了一个新的弟弟。					
你建造了一座沙堡。					

深化学习坑(9—14岁)

152

教师：成长和变化有什么区别？

迈克尔：没有区别。

教师：你确定吗？我们可以说天气变化了，但它不会成长，不是吗？

艾米：飓风越来越猛烈。

教师：很好。所以它们是一回事？好吧，让我们来测试一下：有人能想到一些变化了但不是在成长的东西吗？

学生：一张桌子，一支铅笔，一块石头，基本上是一个无生命的物体。

教师：那是真的吗？例如，一本书在成长，不是吗？有时我们会说，"这本书在我的写作之下成长"，或者它会随着你的写作而成长，不是吗？

（他们在这一点上意见不一致。有人认为是，有人认为不是，有人不确定。）

教师：让我们看看我们能否在一些例子上达成一致。这里有一个清单，你可以从这开始，并请添加你自己的例子。扩大清单！

以问题和活动深化学习坑

当我使用下列问题时，我会让学生知道他们应该对问题提问，并找出假设。那么，对于"是什么让人改变"这个问题呢？一个孩子可能会说，没有什么能让他们改变，他们只是改变。这可能会演变成一场有趣的讨论，讨论每一个变化是否都有原因。学生们将有机会列出他们可以共同确定的可能的变化原因。

针对年幼儿童（3—7 岁）的问题

- 我们一直在成长吗？
- 成长意味着什么？
- 改变意味着什么？
- 是什么让人们改变/成长？
- 万物都成长吗？
- 人们以什么方式改变和成长？

- 人们以什么方式改变而不是成长？
- 人们以什么方式成长而不是改变？
- 有没有人既不成长也不改变？

活动

看看婴儿、幼儿、儿童和成人的照片。确定变化和成长的例子。

表 8.4　变化和成长的例子　　　　　　　　　　　　　　　　153

例子	成长	不是成长	变化	不是变化	变化或成长的类型
天气					
河流					
小狗					
成年人					
儿童					
主意					
梦					
肥皂剧					
电脑					
历史					
农业					
国家					
信仰					

写一周的课堂日记，记录天气、饮食、活动、游戏、故事等的变化，以及　154
植物的成长情况。

阅读埃里克·卡尔(Eric Carle)的《好饿的毛毛虫》。

针对小学生（7—11 岁）的附加问题

- 成长总是意味着改变吗？
- 改变总是意味着成长吗？
- 你能举出多少例子来描述那些成长了但没有发生变化的事物？
- 你能举出多少例子来描述那些没有成长但发生了变化的事物？
- 如果某物的大小或数量增加，是否意味着它已经成长了？
- 你能不能同时成长和不成长？
- 你能不成长吗？
- 你的身体会一直成长还是变化，或者两者兼而有之？

进一步活动

　　将变化和生长的概念与生境、进化、生命周期、变态、世界发展、光合作用等主题联系起来。

　　让你的学生在家里找到一些变化的，从不变化的，成长的，从不成长的例子，作为家庭作业。

　　写一首题为《成长与变化》的诗。

针对青少年（11—14 岁）的附加问题

- 成长、变化和时间之间有什么联系？
- 成长是好事还是坏事？
- 改变是好事还是坏事？
- 一个人的个性如何成长，或是改变？
- 一个人的思想是如何成长的？
- 一个人的感情能增长吗？怎么成长？
- 哪些事情你希望永远不会改变，或永远不会成长？
- 我们能做些什么来改变我们成长或改变的方式？

- 当我们改变主意时,这真的改变了吗?

针对年长学生(14—18 岁)的附加问题

- 有哪些成长形式?
- 我们能阻止自己改变吗? 我们愿意吗?
- 我们能阻止自己的成长吗? 有什么好处?
- 成长和进步是一样的吗?
- 一个人怎样才能在不改变的情况下成长?
- 一个人在没有发展的情况下可以通过什么方式改变?
- 随着人们的成长,是否有什么东西保持不变?
- 你生活中改变最大的是什么?

155

第三阶段: 建构理解

维恩图是一个帮助学生识别概念,如成长和变化的关键特征的有用工具。

对于 5—7 岁的儿童,让他们把一组物体分成两个圈,一个代表"成长的东西",另一个代表"变化的东西"。

对于年龄较大的学生,可以采用传统设计即两个重叠的圆圈,或者增加第三个圆圈来表示"进步"或"发展"。

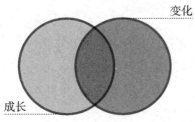

图 8.4　成长—变化(5—7 岁儿童)

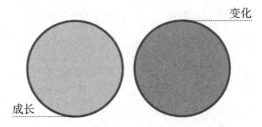

图 8.5　成长—变化(年龄较大的学生)

维恩图的建议对象(5—9岁)

胡萝卜	玩具		铅笔	一杯茶	奶奶	种子
花	豆子罐头		泰迪熊	植物	一束头发	一双鞋
婴儿	纸		气球	水		

针对年长学生(9—18岁)的附加概念

悲伤	快乐	恐惧	气候	风	臭氧层
善良	同情	爱	政客	老狗	思维
天资	友谊	人格	传统	科学理论	声誉
精神	情感	家庭	名人	新闻	媒体
团队	合作	了解	文化	艺术	建筑
信任	信念	决定	学校	教育	学习
平等	技术	互联网	地球	大气	宇宙
历史	河流	潮汐			

与中学生建构理解

将"成长"一词的下列用法按需要分为多个类别。给出每个类别、名称和描述。

156

思想的成长

产品增长

工业增长

人口增长

(身体)生长

发育性生长

智力成长

物种生长

(文学、艺术、电影或音乐的)类型的增长(电视、互联网)

人气增长

信心增长

自尊的成长

第四阶段：回顾学习历程

可能的元认知问题

- 成长和变化有什么区别？
- 是否有任何东西不随时间成长或变化？
- 你有多少关于事物成长但不发生变化的例子？
- 你有多少关于事物没有成长但发生了变化的例子？
- 哪些事情你希望永远不会改变，或永远不会成长？
- 你对成长和变化的看法与课程开始时有何不同？
- 关于成长和变化，你还有哪些问题？

英雄

年龄范围：10—18 岁。

课程：人文，公民，媒体，个人、社会和健康教育，识字，外语。

第一阶段：确定概念

"英雄"（来自希腊语，heros）最初是用来形容拥有超人力量的人的词。这种类型的英雄现在被称为"超级英雄"，而"英雄"一词现在是指在面对危险和逆境或处于弱势地位时，表现出勇气和自我牺牲的意志以获得更大利益的人（英雄主义）。

然而，这个词也经常用于职业体育明星和其他知名人士，也许是因为

157

他们表现出了非凡的才华，或者仅仅因为他们是成功的和令人钦佩的。

在文学作品中，"男主人公"和"女主人公"（"heroes" and "heroines"）是用来区分男女主角的术语。像麦克白和麦克白夫人这样的坏人，可能就是这样的中心人物。

儿童和年轻人会有他们的英雄，但是他们会把成功和美德联系起来吗？一个做出了导致失败的行为的人还可以被视为英雄吗？人们应该主要因为他们的才干或美德（如勇敢）而受到尊敬吗？

潜在的挑战

- 英雄必须自我牺牲吗？
- 英雄一定要成功吗？
- 如果一个人为了自己的利益而不是为了更大的利益而工作，他能成为英雄吗？
- 英雄总是勇敢的吗？

第二阶段：概念问题化

借鉴以下对话中的观点，看看你能否扰乱学生对英雄的概念的理解。

教师：什么是英雄？

亚当：勇敢的人。

教师：这是否意味着所有勇敢的人都是英雄？

亚当：我想是的。

教师：但是一个强盗可能很勇敢——这能让他成为英雄吗？

瑞秋：不，英雄必须做好事。

教师：但希特勒不是很多人心目中的英雄吗？

瑞秋：是的，我想是的。

塔丝：有些人仍然认为他是个英雄。

教师：希特勒怎么能被认为是英雄呢？

安妮：因为他很受欢迎。

教师：这是否意味着所有受欢迎的人都是英雄？例如，布兰妮·斯皮尔斯(Britney Spears)很受欢迎，但她不是英雄，不是吗？

安妮：是的。但对某些人来说她可能是个女英雄。

教师：这是否意味着只有男人才能成为英雄？

安妮：不，女英雄和男英雄是一样的。

贝琳达：不管怎样，布兰妮的问题太多了，不可能成为英雄。

教师：但我们不也经常听说癌症患者是英雄吗？他们不是有很多问题吗？

劳丽：是的，但他们没有把自己搞得一团糟。布兰妮已经把自己搞得一团糟了。

教师：你是说英雄是完美无瑕的人吗？

158

劳丽：不，但英雄不会像布兰妮一样把自己搞得一团糟。

教师：那么甘地呢？他是 20 世纪最受尊敬的英雄之一。但他和自己的孩子关系不好。

安妮塔：我想每个人都有麻烦。

教师：那么，如果我们都有麻烦，是什么让一个人成为了英雄呢？

卡里姆：英雄为别人做事。

教师：但从某种意义上说，癌症患者是为了自己的利益而与疾病作斗争，但我们仍然经常称他们为英雄。

埃莉：所以也许是为了正义而战。

教师：他们一定要在战斗中取得成功吗？

仙黛儿：是的，否则他们就会失败。

教师：这是否意味着斯巴达 300 勇士在对抗波斯军队的强权中坚持了两周，但最终被击败，他们就不是英雄了？

卡里姆：不，他们是英雄，否则就不会有关于他们的电影了！

教师：我不明白，这是不是意味着失败者就是英雄？

深化学习坑

进一步针对小学生(8—11 岁)的问题

- 什么是英雄?
- 每个勇敢的人都是英雄吗?
- 你必须勇敢才能成为英雄吗?
- 害怕的人能成为英雄吗?
- 懦夫能成为英雄吗?［史酷比(Scooby Doo)有时被称为懦弱的英雄］
- 动物能成为英雄吗?
- 英雄必须是超人吗?
- 你必须拥有超能力才能成为超级英雄吗?

进一步针对青少年(11—14 岁)的问题

- 你要成为英雄就必须自我牺牲吗?
- 自私的人能成为英雄吗?
- 如果没有人认为你是英雄,你还能成为英雄吗?
- 名人总是英雄吗?
- 如果有人被崇拜,这是否意味着他是英雄?
- 你能在不成为英雄的情况下表现出英雄行为吗?
- 如果你表现出英雄行为,那你就是英雄吗?
- 坏人能成为英雄吗?
- 你能做一天的英雄吗［正如大卫·鲍伊(David Bowie)所演唱的］?

分析讨论邦妮·泰勒(Bonnie Tyler)演唱的《为英雄挺身而出》(*Holding out for a hero*)这首歌,副歌是:

我渴望一位英雄

我为这英雄而坚持,直到夜尽

他须强壮

他须敏捷

他须沐浴着战血而来

我渴望一位英雄

我为这英雄而坚持,直到黎明

他须坚定

他须果断

他须非凡超群

针对年长学生(14—18 岁)的附加问题

- 你能在失败中表现出英勇吗?
- 英雄必须是真人吗?
- 一个虚构的人物能成为英雄吗?
- 你必须存在才能成为英雄吗?
- 邪恶的人能成为英雄吗?
- 你能同时成为懦夫和英雄吗?
- 什么是反英雄?
- "悲剧英雄"的概念指的是一个好人的堕落是由于严重的性格缺陷。然而,麦克白(Macbeth)既不是一个好人,也没有一个缺点。那么,他到底是不是悲剧英雄? 他是英雄吗?
- "金无足赤"这个词用来形容一个有缺点的英雄(例如,甘地和他的孩子关系不好)。每个英雄都有缺点吗?
- 有没有人是没有缺点的? 如果有这样的人,他会成为英雄吗?

第三阶段:建构理解

通过将英雄与其他相关概念进行比较,你的学生可以更清楚地了解英雄的定义特征。

比较"英雄"与其他概念(11—18岁)

160　以下两者有什么相同点和不同点?

- 英雄和名人
- 英雄和坏人
- 英雄和超级英雄
- 英雄和崇拜对象
- 英雄和烈士
- 英雄和懦夫
- 英雄和霸凌者
- 英雄和冠军
- 英雄和流行偶像

另一种理解英雄的方法是决定哪些是英雄。

英雄的例子(11—18岁)

见表8.5。

表8.5　英雄的例子

例子	是	否	不确定	原因
甘地				
温斯顿·丘吉尔				
弗洛伦斯·南丁格尔				
消防员				

（续表）

例子	是	否	不确定	原因
纳尔逊·曼德拉				
你的妈妈				
你最好的朋友				
玛丽莲·曼森（Marilyn Manson）				
泰格·伍兹（Tiger Woods）				
埃梅琳·潘克赫斯特（Emmeline Pankhurst）				
蝙蝠侠				
凯撒大帝（Julius Caesar）				
戴安娜·斯宾塞王妃（Lady Diana Spencer）				
巴勃罗·毕加索（Pablo Picasso）				
耶稣（Jesus）				
特蕾莎修女（Mother Teresa）				
奥萨马·本·拉登（Osama Bin Laden）				
乔治·W.布什（George W. Bush）				
约拿·洛穆（Jonah Lomu）				
凯莉·米洛（Kylie Minogue）				
迪克·特平（Dick Turpin）				
阿道夫·希特勒（Adolf Hitler）				
阿尔·卡彭（Al Capone）				
罗莎·帕克斯（Rosa Parks）				
佛莱迪·摩克瑞（Freddie Mercury）				
菲德尔·卡斯特罗（Fidel Castro）				
莱西（Lassie）				

161

第四阶段：回顾学习历程

可能的元认知问题

- 英雄必须是好人吗？
- 英雄一定要成功吗？
- 英雄总是勇敢的吗？
- 自私的人能成为英雄吗？
- 每个人都以自己的方式成为英雄吗？
- 你对英雄主义的看法与课程开始时有何不同？
- 关于英雄你还有什么问题？

身份

年龄范围：4 岁以上。

课程：个人、社会和健康教育/个人发展，公民，科学，早期。

第一阶段：确定概念

什么让我成了"我"？我最重要的方面是什么？我的身体，我的思想，我的感情，我的记忆，还是我的价值观？我的身份会受我的基因组成成分、家庭、社会角色或其他人对我的看法的影响吗？我能成为我想成为的人吗？所有这些问题的答案都取决于创造"我"的概念的方式，并给我多样化的经历一种统一的感觉。

几个世纪以来，这些问题一直困扰着哲学家，儿童也同样为此着迷。事实上，从某种意义上说，身份问题是儿童能够思考的最基本的问题。

简言之，我们可能会认为以下三种类型的概念构成了"我"：

- 我的自我意识；
- 他人对我的看法；
- 我的基因、经历和个人差异/偏好。

与"真实"一样，"我"这个概念是少数几个即使是年幼的孩子（4 岁以上）也能愉快地参与讨论的概念之一。当他们开始谈论自己时，他们很快意识到自己的身份与他人的身份密不可分。换句话说，一个人如何看待自己与其他人如何看待他以及他们如何看待彼此有关。

也许最好的出发点是问你的学生他们是谁，他们如何知道他们是谁，以及他们是谁是否会随着时间的推移保持不变。

第二阶段：概念问题化

深化学习坑（活动）

3—7 岁的儿童开始活动：

1. 给每个儿童一面镜子，或者儿童围坐成一个圆圈传递一面镜子。询问他们看到了什么，然后问以下问题：

- 你怎么知道那是你？
- 如果你改变了你的外表，你会变成一个不同的你吗？

2. 使用交互式白板，将自己的照片导入到绘图程序中。问儿童他们能看到谁，他们怎么知道是你（他们会说"因为那个人看起来像你"）。使用绘画程序，改变你的特征，从头发的颜色开始，然后是耳朵的大小，然后是鼻子、嘴巴，等等。每次更换后，询问儿童照片上的是否仍然是你。

3. 让儿童每人做一张海报（或拼贴），上面写着是什么让他们成为"他们"。鼓励他们把对他们来说很重要的人、动物和物体的照片放进去。这些可以成为研究重要事物的基础——身份和成为某人（而不是没有人）。

针对学龄儿童(3—11岁)的活动

让你的孩子带上三到四张他们在人生不同阶段的照片(例如,婴儿、学步儿童、学前儿童以及最近的照片)。在回答以下问题时,请他们参考图片:

- 哪一个最能代表你?
- 如果他们都是你,那是不是意味着外表不重要?
- 假设拍摄每一张照片时,你的想法不同,记忆也不同,那么他们怎么能代表你呢?
- 你的哪些方面没有改变,也许永远不会改变?
- 当你微笑和皱眉时,你是不同的人吗?

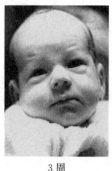  

3周   2岁   3岁   成年

图8.6　所有这些照片中的都是作者詹姆斯·诺丁汉,但每一张照片里的人都是同一个人吗?

深化学习坑

进一步针对年幼儿童(3—7岁)的问题

- 什么使你成为"你"?
- 如果你有一个不同的名字,你会是一个不同的你吗?
- 如果你看起来不一样了,你还会是你吗?

- 当你玩假装游戏时,你还是你吗?
- 如果你生下来是另一个人,你还会是你吗?
- 你和你小时候一样吗?(见图片练习)
- 如果你头上有个肿块,突然开始说滑稽的话,你还会是你吗?
- 如果你忘记了你所知道的一切,你还会是你吗?
- 你会成为一个不同的你吗? 如果会,为什么?

针对小学生(7—11 岁)的附加问题

- 只有一个你吗?
- 是否可能存在与你完全相同的人,但与你父母不同?
- 与你完全相同的人是否可能出生在另一个国家?
- 如果你有不同的祖父母,你还会是你吗?
- 如果你改变了你的指纹,你还会是你吗?
- 如果世界上所有人都认为你是别人,你还会是你吗?
- 你怎么这么确定你就是你自己?
- 你愿意做你的朋友吗?
- 你是你在镜子里看到的那个人,还是别人看着你时看到的那个人?
- 经历组成了你,改变了你,还是两者兼而有之?

针对青少年(11—14 岁)的附加问题

- 你比别人更了解你自己吗?
- 在不同的情况下,你是一个不同的你吗?
- 什么有助于你成为你自己?
- 你想成为一个不同的你吗?
- 如果你失去了所有的记忆,你会不再是你自己吗?
- 如果你余生都是隐士,你会成为一个不同的你吗?
- 如果你和别人交换了大脑,你还会是你吗?
- 哪一个才是你:过去的你,现在的你或是将来的你?

165

- 如果你有不同的信仰或观点，你会是一个不同的人吗？

针对年长学生（14—18 岁）的附加问题

- 如果世界上每个人都把你错当成别人，你会是谁？
- 你的哪一部分在你的一生中保持不变？
- 你认为哪一点永远不会改变？
- 如果你目睹了一场暴行，你以后还会是同一个人吗？
- 你认为每个卷入战争的人都会变成不同的人吗？
- 如果你读了一本所谓的"改变生命"的书，你认为你会成为一个不同的你吗？
- 你认为人们通过建议来提高自己还是彻底改变自己？为什么？

第三阶段：建构理解

下面的练习应该帮助学生拼凑出使他们成为"他们"的特征。

你是谁？（一项针对 9—16 岁儿童的活动）

见下一页表 8.6。

第四阶段：回顾学习历程

可能的元认知问题

- 什么使你成为"你"？
- 你怎么知道这让你成为"你"？
- 只有一个你是吗？解释理由。
- 你会永远是你吗？
- 你一生中会有多少不同的身份？

- 你对身份的看法与课程开始时有何不同？
- 你还有哪些关于身份的问题？

表8.6 关于身份的问题

166

你是……	是	否	不确定	原因
你的身体？				
你在生活中所做的一切？				
你的头脑？				
你的个性？				
你所有感觉的总和？				
你家人认为的你？				
你最好的朋友认为的你？				
上帝认为的你？				
你认为的你？				
曾经的你？				
未来的你？				

知识

167

年龄范围：8—16岁。

课程：所有。

尽管知识是一个出现在所有学科中的概念，但我们将考虑的例子因学科而异（例如，科学知识、艺术知识和人类知识似乎具有不同的性质）。本教案采用了一种通用方法，可在整个课程中使用。它考虑知道意味着什么，这与理解有什么不同，能把指代某人或某物的概念与实际对应起来。

在传统的西方思想中，没有错误的知识。要么是真的，在这种情况下它是知识，要么不是真的，在这种情况下它不是知识。事实上，在知识前面加上"真"就像在糖前面加上"甜"一样（没有不真的知识，就像没有不甜的糖一样）。一些东方哲学对真理有不同的看法，更强调通过经验和反思来启迪。

第一阶段：确定概念

"知道"似乎包括确信一个事实或是确信你所知道的事情是真的。例如，我知道重力是存在的。相反，"理解"往往意味着我们掌握了产生它的条件和它产生的效果之间的关系。例如，我知道重力是存在的，而科学家可能会说他们理解重力，因为他们知道它是如何产生的，以及它对我们有什么影响。

概念的复杂性

本课程的计划旨在梳理的复杂性包括：

- 知道与知识的区别；
- 了解某事和了解某人似乎是不同的；
- 个人知识和普遍性或全球性知识的区别（更准确地说是主观和客观）；
- 你是否能在没有相关知识的情况下理解某事；
- 你是否知道某件事却不知道自己知道。

第二阶段：概念问题化

借鉴以下对话的观点，看看你是否能扰乱学生对知识的概念的理解。

教师：知识是什么意思？

亚当:是关于知道事物。

教师:我知道你的名字。那是不是意味着我有关于你的知识?

亚当:是的。

教师:但是我知道你的方式和你妈妈知道你的方式一样吗?

瑞秋:不,那不一样。

教师:有什么不同?

瑞秋:亚当的妈妈知道他很多。你只知道他一点点。

教师:哪些一点点?

亚当:你知道她是什么意思。我妈妈知道我很多。她认识我的时间比你长得多。

教师:这是不是意味着你认识某人或某事的时间越长,对于他们你知道得就越多? 自从我的牙齿长在嘴里我就知道了。那是不是意味着我对自己的牙齿知道得很多?

塔丝:我想是的。

教师:但是你认为我比我的牙医更了解我的牙齿吗?

塔丝:当然不是。你的牙医是牙齿方面的专家,包括你的牙齿。

教师:但是我的牙医认识我的牙齿的时间没有我那么长。事实上,我两年前换了牙医。那么,你觉得这位新来的牙医还知道我的牙齿吗?

安妮塔:是的,但那不一样。她知道牙齿,所以当她看着你的牙齿时,她比你更了解。

教师:你什么意思?

安妮塔:嗯,你的牙医已经研究过牙齿了。她知道所有牙齿的名字,它们的用途和应该长什么样。

教师:那么,她知道很多关于我的牙齿的知识,也就是说她知道很多关于牙齿的知识? 她知道关于牙齿的事实。

卡利姆:没错。

教师:那么,如果我知道太阳系所有行星的名字,那是不是意味着我知道这些行星?

埃莉:不,这意味着你有关于它们的知识,但并不意味着你知道它们。

教师:那怎么可能呢? 我以为我们刚开始说的是知识就是知道事物,

不是吗？

山姆：它是关于知道事物。它是关于知道事实。例如，我知道世界是圆的。

教师：这是一个非常有趣的想法，因为过去的人们"知道"世界是平的。那么，关于他们的知识我们能说些什么呢？

弗朗西斯：他们错了。他们的知识是错误的。

教师：但我以为我们说过知识就是我们所知道的正确的东西。那么知识怎么可能是错的呢？

169

保罗：知识就是你当时认为正确的东西。

穆罕默德：但如果我认为我能飞，那并不意味着那是对的，不是吗？

保罗：不，这意味着你被欺骗了。

教师：这是否意味着当我们的祖先知道世界是平的时，他们被欺骗了？

苏珊：那我们该怎么办呢？什么是知识？

深化学习坑

我们是怎么知道这些的？

- 1 英镑和 100 便士一样值钱？
- □2＋□2＝□4？
- 我们知道些什么？
- 火燃烧物品？
- 如果我们摔倒了，会痛。
- 地球是圆的？
- 我们是由 DNA 组成的？
- 古埃及人建造了金字塔？

你知道吗？

- 你能像别人一样有关于某事的同样的知识吗？
- 你能知道别人知道什么吗？

- 如果我牙痛,你能知道我的感觉吗?
- 你认为狗知道什么?
- 你认为狗知道它知道这些事情吗?
- 有没有可能人们什么都不知道?

进一步的问题

1. 我能有关于某些事的知识却不知道这些事吗?(例如,我知道世界上有许多城市,但我不能说我都知道这些城市。)

2. 有没有可能在没有关于某事的知识的情况下理解一件事?(例如,我可能会说,即使我从未养过宠物,我也能理解某人在宠物死后的感受。)

3. 阿尔伯特·爱因斯坦说:"谁要是把自己标榜为真理和知识领域的裁判官,他就会被神的笑声所覆灭。"这是什么意思?

170

4. 知识能改变吗?(例如,我们曾经知道世界是平的,现在我们知道世界是圆的;或者,过去我们知道太阳绕着地球转,现在我们知道是反过来的。)

注意:你的学生可能会喜欢知道有一个活跃的组织叫地平协会,该协会的成员声称,阿波罗登月是一个骗局,这段视频实际上是由亚瑟·克拉克制作的科幻电影。

田野里的母牛

让你的学生讨论以下情景,并决定农夫是否"知道"他的奶牛黛西在田里。

农夫菲尔德很关心他心爱的奶牛黛西。事实上,当他的奶牛场老板告诉他黛西在田野里高兴地吃草时他很担心,他说他需要肯定地知道。他不想黛西有 99% 的概率是安全的,他希望能说黛西是绝对安全的。

农夫菲尔德走到田里,站在大门旁边,远远地看到,在一些树后面,有一个黑白相间的形状,他认出这是他最喜欢的奶牛。他回到奶牛场,告诉他的朋友他知道黛西在田里。然而,在这一点上,农夫菲尔德真的知道这是事实吗？

　　奶牛场老板说他也会检查的，然后就去了农场。在那里，他发现黛西正在一个灌木丛后面的洞里小睡，从那看不见大门。他还发现一大张黑白相间的纸被夹在树上。黛西在田里，就像农夫菲尔德想的那样。但农夫菲尔德说自己知道黛西在田里是对的吗？

　　哲学家马丁·科恩最早描述了这一情景，[87] 他说，在这种情况下，农夫：

- 相信奶牛是安全的；
- 有证据证明确实如此（他的信仰是合理的）；
- 知道他的奶牛是安全的（即，这是真的）。

　　不过，我们可能还是觉得农夫其实并不知道。这就是"知识即真理"问题的核心所在。

第三阶段：建构理解

　　进行比较可以帮助学生判断知识是否与事实、信念和经验等其他概念不同或相似。

171　　以下两者有什么相同点和不同点？

- 知道和猜测
- 知道和相信
- 知道和思考
- 我的知识和常识
- 我的知识和事实
- 知识和经验
- 知识和智慧
- 知识和数据
- 知识和证据
- 知识与真理

表 8.7 中的哪项陈述算作知识?

表 8.7　陈述的例子

例子	是	否	不确定	原因
地球是圆的。				
利马是秘鲁的首都。				
酒后驾车是违法的。				
在 07—08 赛季末,曼联是欧洲最好的足球队。				
今天,X 队(无论谁是联赛冠军)是这个国家最好的球队。				
杀人是不对的。				
我们没有发现外星生命的迹象。				

第四阶段: 回顾学习历程

可能的元认知问题

- 知识来自知道一些事物吗?
- 你能知道一些事物但没有这些事物相关的知识吗?
- 我们真的知道所有事吗?
- 你能在不知道自己知道的情况下知道一些事情吗?
- 你需要相信一些事才能知道它们吗?
- 你对知识的想法与课程开始时有何不同?
- 关于知识你还有什么问题?

证明和证据

年龄范围：9—18 岁。
课程：所有。

第一阶段：确定概念

众所周知，要排除一切疑问证明任何东西都是困难的。例如，学生可能会说他们可以通过出示护照来证明自己是谁，但这可能是伪造的。或者他们可能会说，他们可以证明太阳每天早上都会升起，但有一种微小的可能性，世界将在明天之前结束，太阳将无法升起！这看起来可能很滑稽，但实际上是一个可与学生探讨的丰富的思想脉络。你可以玩得很开心，学生们会对证明和证据的问题有更深刻的认识。

173　**概念的复杂性**

- 证明和证据有什么区别？
- 有可能证明任何事吗？
- 在什么情况下可以有足够的证据证明案件？
- 什么是足够的证据？

第二阶段：概念问题化

借鉴以下对话的观点，看看你是否能扰乱学生对证明和证据的概念的理解。

教师：我打赌你不能向我证明任何事！
亚当：我可以！我可以证明我坐在这里。

教师:怎么证明?

亚当:好吧,看,我在这儿!(挥手)

教师:但是我怎么知道你不是想象出来的呢?

瑞秋:你可以走过去摸亚当。

教师:但当我在梦中触摸到东西时,并不意味着我真的触摸到了它们——所以也许我是在做梦。

瑞秋:但是你需要睡觉才能做梦,而你还没睡着。

塔丝:不,你不会的,你可以在不睡觉的情况下做白日梦。

教师:说得好,塔丝。有人能证明这不是梦吗?

安妮:你在梦里闻不到东西的味道,但我能在这里闻到东西的味道。

教师:但是你怎么知道人们在梦里闻不到气味呢?

安妮:我从来没有闻到过。

教师:有足够的证据证明人们闻不到吗?

劳丽:我想没有。

教师:好的,让我们举个例子。我们能证明鬼魂存在或不存在吗?

安妮塔:能,如果有人看到一个鬼魂就能证明鬼魂存在。

教师:但是如果没有人能看到这个鬼魂呢?

安妮塔:好吧,如果每个人都能看到鬼魂那就能证明鬼魂的存在了。

教师:那是不是说如果只有一个人看不见鬼魂,那么就没有鬼魂了?

卡利姆:不,如果大多数人都能看到鬼魂,那就足够了。

教师:那么证明就是大多数人的信仰吗?

艾莉:是的。

教师:但是历史上有一段时间,在十世纪,大多数人认为世界是平的,所以他们证明了世界是平的吗?

深化学习坑

针对 9—13 岁儿童的活动和问题

1. 让你的学生一一配对。学生 A 应该举出一个他能证明的事情的例子;学生 B 应该设法找到一种方法来质疑学生 A 断言的绝对确定性。

2. 要求学生小组列出尽可能长的他们能证明的事情的清单。对于每一件事情,鼓励学生找出会让人对自己的主张产生怀疑的例外情况。

问题

使用以下问题思考证明和证据的不同方面。在每种情况下,鼓励学生找出会让人对断言产生怀疑的例外情况。

- 如果我们能触摸、品尝、闻到、听到和看到某物,是否有足够的证据证明某物存在?
- 如果我们的直觉告诉我们某事是真实的,这是否证明了它的存在?
- 如果我的宠物是一只鸟,这足以证明我的宠物会飞吗?
- 如果我有一只宠物狗,这是否证明我的宠物会吠叫?
- 你是否有足够的证据能毫无疑问地证明你是谁?
- 如果找不到反证,是否意味着已经证明了什么?
- 12 月初,火鸡汤姆正在反思自己的生活。在过去的 300 天里,汤姆每天都受到农夫琼斯的照顾。它吃得很饱,喝得很饱,有人给它庇护,需要的时候给它吃药。这足以证明农夫琼斯爱汤姆吗?
- 地球形成以来,太阳每天都在升起。这足以证明明天太阳会升起吗?
- 如果你的指纹是在犯罪现场发现的,那能证明你曾经在那里吗?
- 你看到烟雾——这是火灾的证明还是证据(或两者都不是)?

针对年长学生(14—18 岁)的附加问题和活动

询问学生他们是否认为在以下摘录中笛卡尔是正确的。

哲学家笛卡尔以怀疑一切事物而闻名,他这样做的目的是质疑是否任何事物都能够被证明。一个典型的例子就是我们能否证明生活不是梦。最后,他决定,只有一件事他可以证明:他是什么。

他声称即使在数学上也没有什么可以证明的,因为有一种很小的可能性,就是一个恶毒的恶魔一直在试图欺骗他。他所说的"我思故我在"是他唯一能证明的东西,因为即使一个恶毒的恶魔试图欺骗他,恶魔也无法欺骗他认为自己不存在(因为怀疑一个人的存在就是作为一个令人怀疑的东西的存在)。

用下面的问题进一步扩展思路。和年轻学生一样,鼓励每个人都去思考那些会让人对证据的确定性产生怀疑的例外情况。

- 从未发生过有人长生不老的事。那能证明有一天我也会死吗?
- 证据是否需要无可辩驳才能证明某事?
- 如果一个人有绝对的证据证明某一事件会重复发生,那么由此是否足以绝对肯定地预测它将在未来发生?
- 你如何向盲人证明有颜色?
- 哲学家大卫·休谟(David Hume)写道:"智者将自己的信仰与证据相结合。"他这是什么意思?
- 是否有任何东西一直被证明?
- 证明某事需要多少证据?
- 你能证明你不是一个人想象中的虚构人物吗?
- 如果你能找到某个后来被发现是假的的东西,它曾经被认为是真的过吗?
- 我们真的需要证明吗?

第三阶段:建构理解

鼓励学生在相似或相关概念之间进行比较,可能有助于他们关注证明和证据的重要特征。以下两者有什么相同点和不同点?

- 证明和证据
- 证据和数据

- 证明和事实
- 证明和真相
- 证明和知识
- 证明和信念
- 证明和观察
- 证据和事实

176　## 第四阶段：回顾学习历程

可能的元认知问题

- 证明是否与证据相同？
- 我们需要多少证据来证明某事？
- 没有事后的领悟，能证明什么吗？
- 为什么寻找证明和证据很重要？
- 证明和证据有什么问题？
- 你对证明和证据的看法与课程开始时有何不同？
- 关于证明和证据你还有什么问题？

真实

年龄范围：4 岁以上。
课程：所有。

第一阶段：确定概念

　　"真实"这个概念一点也不清楚，这也许是它让儿童和成人都如此着迷的部分原因。它是 4 岁的孩子们可以愉快地讨论的少数几个概念之一，我很可能会在课程的许多领域与所有年龄段的学生一起讨论它。

一些哲学家曾说过,我们所有的经验(包括睡眠)都是一种独立于人类经验而存在的不同于物质世界的真实的"真实"。也就是说,这不是被普遍接受的,也不是我们应该鼓励与儿童相处的特别观点。然而,显而易见的是,我们应该能够建立区分表象和真实的标准。尽管孩子们需要幻想、想象和做梦,但他们也需要理解这些活动可能不是"真实的"。

探索这一概念的一种方法是从不同的角度来看待某些东西可能是不真实的,例如,一个塑料香蕉、一个梦、假钞、魔法和故事。尽管它们可以说都是不真实的(或假的),但它们似乎以不同的方式不真实。这并没有带来像是错觉这样的东西,它们看起来是一回事,又好像不是一回事,例如,火车轨道似乎在远处汇聚,或是集市上的"魔镜"。

概念的复杂性

- 我们如何知道某事是否真实?
- 玩具以什么方式是真实的?

177

- 真人秀有什么真实的东西吗,因为它通常是故意设置的,以激起某些行为或情况?
- 我们如何知道生活是真实的?

第二阶段：概念问题化

我最喜欢把这部分介绍给 4 岁和 5 岁的孩子,虽然这也很适合年龄较大的学生。我使用的提问技巧指南可以在挑战一章的第 59 页找到。

我把一个多汁的红苹果和一个塑料苹果放在孩子们面前,然后问道:"你在这里看到了什么?"

孩子们:两个苹果。
我:它们是一样的吗?
孩子们:不,一个是真的,另一个是塑料的。

我:那是不是说塑料的不是真的?

孩子们:是的。

我:但这是不是意味着所有塑料制品都不是真的,比如这把椅子? 这把椅子是塑料的,那是不是说它不是真的?

孩子们:不!

我:那为什么这个塑料苹果不是真的?

孩子们:这是真的。

我:所以它们都是真的,对吗?

孩子们:是的。

我:那么,另一个苹果呢?(指着一个看不见的苹果)那是真的吗?

孩子们:不!

我:为什么不呢?

孩子们:因为我们看不见。

我:但是我们现在看不见你们的老师,不是吗? 我们看看房间四周,有人能看见她吗?

孩子们:没有。

我:那是不是说布朗太太不是真的?

孩子们:当然不是。

我:那你为什么认为我的第三个多汁的红苹果不是真的?

孩子们:因为我们从来没见过你的苹果,但我们见过布朗太太很多次。

我:所以,如果你从没见过什么东西,那是不是意味着它不是真的?

孩子们:是的。

我:但你们谁也没见过我的狗,赫克托,它是真的,不是吗?

这就是意见产生分歧的地方,我们谈论证据、可信度和信任。

178   **深化学习坑**

向年幼儿童(3—7 岁)提问的问题

■ 当我们盛装打扮时,我们是真实的吗?

- 你的梦想是真实的吗？
- 玩具是真实的吗？玩具汽车或塑料动物呢？
- 我们看不见的东西是真实的吗？
- 你如何知道某物是真还是假？
- 电视是真实的吗？

注意：避免提及圣诞老人和牙仙子的真实性（或其他）！

针对小学生（7—11 岁）的附加问题

- 真实和生动有什么区别？
- 当你照镜子时，你的倒影是真实的吗？
- 你是否需要能够看到、触摸、感觉、闻到或尝到某样东西才能知道它是真实的？
- 故事什么时候是真实的？
- 对你来说是真实的和对你朋友来说是真实的一样吗？
- 天空是真实的吗？

针对青少年（11—14 岁）的附加问题

- 什么东西既真实又不真实吗？
- 真实和感知有什么区别？
- 你如何决定何时相信你所看到的？
- 现实、真相和事实之间有什么联系？
- 不存在的东西会是真实的吗？
- 死了的人是真实的吗？

针对年长学生（14—18 岁）的附加问题

- 现实与虚拟现实的区别是什么？

- 真人秀节目的真实性是什么?
- 一个人在梦中进入了不同的真实吗?
- 如果某事尚未发生但不可避免,它是真实的吗?
- 阿尔伯特·爱因斯坦说:"真实只是一种幻觉,尽管是一种非常持久的幻觉。"这是什么意思?

179

第三阶段:建构理解

以下活动可以帮助你的学生对什么是"真实"有一个更清晰的认识。

年幼儿童(3—7岁)

见下页表 8.8。

维恩图:将一组对象分成两个圈,一个代表"真实",另一个代表"非真实"。一开始就要把两个圈分开,然后再发展到重叠的圈,也许可以把标签改成"真实"和"假装"(事情可以同时是真实的和假装的吗?)

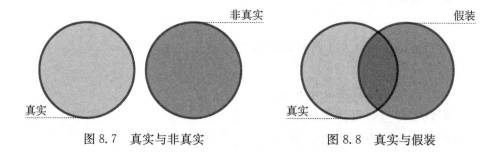

图 8.7　真实与非真实　　　　图 8.8　真实与假装

同时考虑以下问题:

- 真正的消防员或护士与我们装扮成的消防员/护士有什么区别?
- 想象游戏和体育游戏有什么区别?
- 所有的游戏都是在"假装"吗? 如果是的话,那是不是意味着游戏不是真实的?

- 装扮（如怪物）和穿衣服有什么区别？
- 如果装扮是"假装的"，那么你装扮的时候不是真的吗？

针对小学生（7—11岁）的附加问题

把这些词和概念放在"真实"和"非真实"的跷跷板的两边（如图8.9），见181页。

表8.8　概念的真实性 180

例子	真实	非真实	不确定	原因
塑料食品				
梦				
故事				
假钞				
咕噜牛 *				
蜘蛛侠				
英雄				

＊咕噜牛指的是绘本中的一个人物（Donaldson, J. and Scheffler, A., *The Gruffalo*, Macmillan Children's Books, 1999）。这里你也可以使用你的学生所熟知的任何人物。

真实　　　　　　　　　　　　　　　　　　　　　　　　　　非真实

角色扮演	假装	伪装	假扮
虚构人物	怪物	玩具士兵	泰迪熊
玩偶	天空	一个梦	想法
规则	词语	情感	电视
新闻	阴影		

图8.9　跷跷板

181

同心圆:真实

在你的小组中,确定这些词在同心圆(图 8.10)中的位置。

- 假冒
- 真迹
- 假装
- 良好
- 赝品
- 正品
- 逼真
- 错误
- 善意
- 假钞
- 复制
- 实物模型

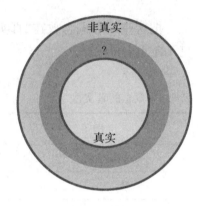

图 8.10　同心圆

182　**针对年长学生(11—18 岁)的附加比较**

从这些概念对中挑选五对概念。描述每对两个概念在每种情况下的异同。

- 真实与非真实
- 真实与真相
- 事实与虚构
- 真实和想象
- 现实与感觉
- 真人秀和电视新闻
- 真实和死亡
- 真实与超自然

- 真实与感知
- 真实和编造
- 真实和假装
- 真实和有形
- 真实与虚拟现实
- 真实与生动
- 真实和复制
- 真迹和真实

理解"真实"一词的当代使用

解释以下示例中"真实"的含义。

- 她是一个真正的人。
- 食品实际价格上涨了 15％。
- 那个劳力士是真的吗？
- 他出售房地产。
- 她们如此相爱,她认为这是真的。
- 你是真的吗？
- 面对现实!
- 我们真实地看到了它的发生。

第四阶段: 回顾学习历程

可能的元认知问题

- 我们如何判断事物是否真实？ 183
- 什么东西能同时是真实和非真实的(或假的)吗？
- 玩具是真实的吗？
- 我们如何确保我们的生活是真实的？

- 未来是真实的吗？
- 你对真实的看法与课程开始时有何不同？
- 关于真实，你还有什么问题？

形状

年龄范围：4 岁以上。
课程：艺术、设计与技术、数学。

第一阶段：确定概念

形状是一个极有吸引力的概念。小孩子喜欢谈论形状，因为形状是他们不断探索周围世界的核心。当我们开始问一些问题时，大一点的孩子会变得非常感兴趣，比如"万物都有形状吗？"或者"思想有形状吗？"（如果没有，那么"我们的想法开始成形"是什么意思？）

在向学生挑战形状这个概念时，要记住的关键区别是：

- 形状是由线条交会组成的。形状总是二维的，有些是几何图形（圆、矩形、三角形），有些是有机形状和不规则的形状。
- 立体图形是三维的，有高度、宽度和厚度。常见的立体图形包括球体、立方体、圆柱体、圆锥体和金字塔。

概念的复杂性

- 所有东西都有形状吗？
- 抽象概念（如思想）是否具有形状？
- 气味、味道或声音是否有形状？
- 真的有"形状完美"这样的东西吗？

第二阶段：概念问题化

以下与 9 岁儿童的对话就如何挑战儿童的形状概念给出了一些想法。

教师：你能在房间里看到多少个形状？

（儿童开始给形状命名。）

教师：任何东西都有形状吗？

184

儿童：是的。

教师：那这本书是什么形状的？

儿童：正方形。

教师：这个苹果是什么形状的？

儿童：圆形（圆圈）。

教师：这个篮筐是什么形状的？

儿童：圆形（圆圈）。

教师：但是篮筐和苹果在我看来很不一样，那它们怎么会是相同的形状呢？

（儿童给出各种答案。）

教师：所以一些名字相同的形状彼此可能会不同——真奇怪！让我们看看矩形是否也是如此。

（搜集一组大小/形状不同的矩形。）

教师：它们有什么共同点？

儿童：它们都有四条边。

教师：但是正方形也有四条边，不是吗？

儿童：是的，但是矩形的边长度不同。

教师：（显示直角三角形）所以，这个形状是矩形，因为它有不同长度的边？

儿童：不！矩形都有四条边。

教师：啊，好的。就像这样。

儿童：不。它们必须有两组长度相同的边。

185　教师：像这样？

儿童：不，那是领结。直线不允许在矩形内部交叉。

教师：那么，这不是一个长方形吗？

此刻分享了许多观点！

深化学习坑

向年幼儿童(3—7 岁)提问的问题

- 你现在能看到多少形状？
- 你有最喜欢的形状吗？为什么？
- 每个形状都像你描述的那样，你最喜欢的形状也是吗？
- 所有东西都有形状吗？
- 玩具熊是什么形状的？
- 你是什么形状？
- 你的梦想是什么形状的？
- 声音有形状吗？

- 当你看到一个圆时,你怎么知道它是一个圆?（针对 6—7 岁）

针对 8—14 岁学生的附加问题

- 什么是形状?
- 每个形状都有名字吗?
- 如果我们都看到了这个形状,我们看到的是同一个形状吗?
- 物体可能形状相同,但大小不同吗?
- 物体可能大小相同,但形状不同吗?
- 红色是什么形状的?
- 警笛的声音是什么形状的?
- 咖啡的味道是什么形状的?
- 柠檬的味道有形状吗?
- 感觉有形状吗? 例如,快乐或悲伤。
- 想法有形状吗?

186

- 人们所说的"他的想法开始成形"是什么意思?
- 你的梦想是什么形状的?

针对年长学生(14—18 岁)的附加问题

- 有没有完美的形状?
- 你能想象出完美的形状吗?
- 完美的形状是否只存在于我们的头脑中?
- 立方体是正方形吗? 有什么相同点和不同点?
- 看起来像立方体和是立方体有什么区别?
- 短语"未来发展模式"是什么意思?
- 什么是"成形或形成"?
- 是否有无穷多的形状,就像有无穷多的数字一样?
- 如果两件东西形状相同,但大小不同,其中一件会成为另一件的模型吗?

第三阶段：建构理解

下面的活动应该可以帮助你的学生开始构建一个关于形状的概念。

建议活动（3—7岁）

1. 将物体分成不同的形状类别。例如，从有曲线的形状和只有直线的形状开始。然后，继续研究名称一致的形状和名称不一致的形状（有机形状）。

2. 数一数孩子们在教室里能看到的不同形状的数目。

3. 一起看照片，让儿童说出他们能看到的所有不同的形状。

4. 让每个儿童画十个不同的形状，然后把它们分成三类。

附加活动（8—14岁）

1. 字母表中的形状（参见下面显示的"字母表形状"活动）。

2. 算出四个、五个和六个立方体各能组成多少形状。

3. 预测七个、八个和九个立方体各自可以组成的形状的数量。

4. 找到尽可能多的有机形状的例子，然后为它们命名。

187

5. 两人一组，一个学生描述一个形状（不说出形状的名字），让另一个学生画。

字母表形状

这是一组字母。它们有什么共同点？

J C U

这是同一组字母，又加了一个字母。现在它们有什么共同的特点？

J C U S

这是另一组。说说这些字母和第一组有什么不同。

H　M　W　K

这里有用两种不同的方式来写的字母"J"。这种差异将如何影响它所属的集合？

J　j

创建四组字母，每组字母具有不同的属性。让你的朋友猜猜你在每个例子中使用了哪些属性。这里给你开了一个头。

D　P　B

讨论时间

- 字母 X 似乎与所有其他字母不同。为什么？
- 哪一个字母从艺术角度来说最令人满意？
- 你最喜欢写哪些字母？为什么？
- 哪三个字母最好？为什么？
- 如果你用小写书写所有字母，这将如何改变它们的属性？
- 以下是其他语言中使用的一些字母。你觉得它们怎么样？

Å Ø Ê Æ Λ Œ Δ И

第四阶段：回顾学习历程

可能的元认知问题

- 什么是形状？
- 为什么形状很重要？
- 所有东西都有形状吗？
- 抽象概念，如想法、思想、气味或味道是否有形状？
- 是否存在完美的形状？
- 你对形状的看法与课程开始时有什么不同？
- 关于形状你还有什么问题？

注释

创造的秘诀是要懂得如何"隐藏"你的来源。

（爱因斯坦，1879—1955）

导言

1. SAPERE, Society for Advancing Philosophical Enquiry and Reflection in Education, UK., www. sapere. org. uk.

第一章　什么是挑战性学习?

2. Lipman, M., *Thinking in Education*, (1st edn), Cambridge University Press, 1991.

3. Hattie, J., 'Influences on student learning', Inaugural Lecture: Professor of Education, University of Auckland, August 1999.

4. Lipman, M., 1991.

5. Einstein, A., *Out of my later years*, Thames and Hudson, 1950.

6. Hattie, J., 1999.

7. RAIS, Raising Aspirations In Society, UK., www. sustained-success. com/index. php/899.

第二章　反馈

8. See www. dylanwiliamcenter. com/is-the-feedback-you-are-giving-students-helping-or-hindering.

9. Winnie, P. H. and Butler, D. L., 'Student cognition in learning from teaching', in Husen, T. and Postlewaite, T. (eds), *International encyclopaedia of education*, (2nd edn), Oxford, 1994, pp. 5738 - 5745.

10. Lysakowski, R. S. and Walberg, H. J., 'Instructional effects of cues, participation and corrective feedback: a quantitative synthesis', *American Educational Research Journal*, Winter 1982, Vol. 19, No. 4, pp. 559 - 578.

11. Marzano, R. J., Pickering, D. J. and Pollock, J. E., *Classroom instruction that works: research-based strategies for increasing student achievement*, ASCD Publications, 2001.

12. Black, P. and Wiliam, D., *Working inside the black box*, King's College, 2002.

13. Hattie, J., 1999.

14. Lysakowski, R. S. and Walberg, H. J., 1982.

15. Hattie, J., *Visible learning: a synthesis of over 800 meta-analyses relating to achievement*, Routledge, 2009.

16. 'Assessment for Learning: Beyond the black box', Assessment Reform Group, QCA website (www. qca. org. uk/library Assets/media/beyond_black_box2. pdf).

17. Dweck, C. S., *Self-theories: their role in motivation, personality and development*, Taylor & Francis, 2000.

18. Black, P. and Wiliam, D., *Inside the black box*, King's College, 1998.

19. Hattie, J. and Timperley, H., 'The power of feedback', *American Educational Research Journal*, March 2007, Vol.77, No.1, pp.81 - 112.

20. Nuthall, G. A., 'The cultural myths and realities of classroom teaching and learning: a personal journey', *Teachers College Record*, 2005, Vol.107, No.5, pp.895 - 934.

21. Hattie, J. and Timperley, H., 2007.

22. Dinkmeyer, D. and Dreikurs, R., *Encouraging children to learn*, Brunner-Routledge, 2000.

23. Williams, S. and Wegerif, R., *Radical encouragement: creating cultures for learning*, Imaginative Minds, 2006.

24. The Community of Inquiry is a term particularly associated with Philosophy for Children and is adapted from a notion introduced by the philosopher, Charles Sanders Peirce. See Lipman, 1991, and

Charles Sanders Peirce. 'The fixation of belief', in *Philosophical writings of Peirce*, edited by Justus Buchler, Dover Publications, 1955.

25. See www.p4c.com for a brief history of Philosophy for Children.

26. This section was written by Steve Williams for the website, www. p4c.com, an enterprise set up by Steve, myself and Roger Sutcliffe to provide resources for teachers doing Philosophy for Children.

27. See for example www. p4c. com: An international resource and collaboration service for P4C; www. icpic. org: The International Council of Philosophical Inquiry with Children (ICPIC); www. sapere. org. uk: Home of SAPERE, the charity that supports P4C training and accreditation in the UK.

28. Hattie, J., 2009.

29. Marzano, R.J., Pickering, D.J. and Pollock, J.E., 2001.

30. Black, P. and Wiliam, D., 1998.

31. Butler, R., 'Task-involving and ego-involving properties of evaluation: effects of different psychology feedback conditions on motivational perceptions, interest, and performance', *Journal of Educational Psychology*, 1997, Vol.79, No.4, pp.474 – 482.

32. See Hattie, J., 2009.

33. Rowe, M.B., 'Wait time: slowing down may be a way of speeding up!', *Journal of Teacher Education*, 1986, Vol.37, No.1.

34. Sadler, D.R., 'Formative assessment and the design of instructional systems', *Instructional Science*, 1989, Vol.18, pp.121 – 122.

35. Dweck, C.S., *Mindset*, Random House, 2006.

36. Greene, B.A. and Miller, R.B., 'Influences on achievement: goals, perceived ability and cognitive engagement', *Contemporary Educational Psychology*, 1996, Vol.21.

37. Hattie, J., 2009.

38. Dweck, C.S., 2000.

39. Marzano *et al*., 2001.

40. Black, P. and Wiliam, D., 2002.

41. Black, P. and Wiliam, D., 2002.

第三章　勤奋

42. Wigfield, A. L. and Eccles, J. S., 2000.

43. Wigfield, A. L. and Eccles, J. S., 'Expectancy-value theory of achievement motivation', *Contemporary Educational Psychology*, 2000, Vol. 25, pp. 68 – 81.

44. From 'The man who invented management: Why Peter Drucker's ideas still matter', *Business Week*, 28th November 2008.

45. See www. habits-of-mind. net.

46. See www. building learningpower. co. uk.

47. Hattie, J., 2009, p. 47.

48. Dweck, C. S., 2000.

49. Dweck, C. S., 2006.

50. From www. carlrogers. info.

51. Dweck, C. S., 2000.

52. Nicholls, J. G. and Miller, A. T., 'The differentiation of the concepts of difficulty and ability', *Child Development*, 1984, pp. 951 – 959.

53. Hattie, J., 2009.

54. Hattie, J., 2009.

55. Dweck, C. S., 2006.

第四章　挑战

56. Lipman, M., 1991.

57. Rosenthal, R. and Jacobson, L., *Pygmalion in the classroom: teacher expectation and pupils' intellectual development*, Holt, Rinehart & Winston, 1968.

58. Bruner, J. S., *The culture of education*, Harvard University Press, 1996.

59. Vygotsky, L. S. , *Mind and society: the development of higher mental processes* , Harvard University Press, 1978.

60. Rowe, M. B. , 1986.

61. Bloom, B. , *Taxonomy of educational objectives: the classification of educational goals* , Susan Fauer Company, 1956, pp. 201 - 207.

62. Lipman, M. , *Thinking in Education* , (2nd edn), Cambridge University Press, 2003.

63. Lipman, M. and Sharp, A. , *Wondering at the world, the manual for 'Kio and Gus'* , ICPIC, 1986.

64. Rowe, M. B. , 1986.

第五章　思考

65. Einstein, A. , *Out of my later years* , Thames and Hudson, 1950.

66. Lipman, M. and Sharp, A. , 1986.

67. Bloom, B. , 1956.

68. Dolya, G. , *Vygotsky in Action in the Early Years* , Routledge, 2007.

69. From GCSE History B (Modern World) Paper 1 (Core Content with The USA, 1919 - 1941) published by OCR and sat by pupils on Tuesday 3rd June 2008. Photograph is copyright of Corbis (www. corbis. com).

70. See www. edwdebono. com/debono/po. htm.

71. Critical, Creative and Caring thinking are dimensions of thinking emphasised first in the work of Matthew Lipman. See Lipman, M. , 1991.

72. Rogers, C. R. and Roethlisberger, F. J. 'Barriers and gateways to communication', *Harvard Business Review* , July/August 1952.

73. Bloom, B. , 1956.

第六章　自尊

74. Rosenberg, M. , *Society and the adolescent self-image* , Princeton University Press, 1965.

75. Bandura, A., *Self-efficacy: the exercise of control*, Freeman, 1997, p.604.

76. Maslow, A. H., 'A theory of human motivation', originally published in *Psychological Review*, 1943, Vol.50, No.4, pp.370 – 396.

77. Dweck, C.S., *Self-theories: their role in motivation, personality and development*, Taylor & Francis, 2000.

78. Dweck, C.S., 2000.

79. Dweck, C.S., 2000.

80. See Ginott, H.G., *Between parent and child*, (2nd edn), Crown Publications, 2004.

第七章 学习坑

81. See: www.edwdebono.com.

82. Dale, E., *Audio-visual methods in teaching*, revised edition, Henry Holt and Company, 1954.

83. Newell, A., *Unified Theories of Cognition*, Harvard University Press, 1991.

84. Chi, A. and van Lehn, K., 'A model of the self-explanation effect', *Journal of the Learning Sciences*, 1992.

第八章 课程理念

85. Lipman, M., 2003.

86. Hattie, J., 1999.

87. Cohen, M., *101 philosophy problems*, Routledge, 1999.